上海市文化和旅游事业发展中心重点研究项目（2022）

休闲研究专著系列

"上海旅游"品牌发展指数研究报告（2022）

REPORT ON "SHANGHAI TOURISM"
BRAND DEVELOPMENT INDEX（2022）

"上海旅游"品牌发展指数研究项目组
楼嘉军　马红涛　付　坤　宋长海　等　　　　著

U0367356

上海交通大学出版社
SHANGHAI JIAO TONG UNIVERSITY PRESS

内容提要

　　本书是由华东师范大学与上海市文化和旅游事业发展中心共同组成的"'上海旅游'品牌发展指数"研究项目组，首次发布的有关"上海旅游"品牌发展水平分析的研究报告。本书由两部分组成。第一部分是总报告，包括绪论、指标体系、指数分析、结论与建议；第二部分是专题研究。本书对于打响"上海旅游"品牌，助力上海加快建成世界著名旅游城市发展步伐提供了一定的理论指导。

　　本书可以用作高等院校旅游、休闲、会展、文化，以及社会学等专业师生的参考教材，也适合作为旅游管理、文化产业管理和城市公共服务管理部门的参考用书。

图书在版编目(CIP)数据

　　"上海旅游"品牌发展指数研究报告. 2022/ "上海旅游"品牌发展指数研究项目组，楼嘉军等著. —上海：上海交通大学出版社，2023.9
　　ISBN 978 - 7 - 313 - 28719 - 9

　　Ⅰ. ①上… Ⅱ.①上… ②楼… Ⅲ. ①品牌战略-区域经济发展-研究报告-上海- 2022 Ⅳ. ①F127.51

　　中国国家版本馆 CIP 数据核字(2023)第 082731 号

"上海旅游"品牌发展指数研究报告（2022）

"SHANGHAI LÜYOU" PINPAI FAZHAN ZHISHU YANJIU BAOGAO (2022)

著　　者："上海旅游"品牌发展指数研究项目组，楼嘉军等			
出版发行：上海交通大学出版社	地　　址：上海市番禺路 951 号		
邮政编码：200030	电　　话：021 - 64071208		
印　　制：上海万卷印刷股份有限公司	经　　销：全国新华书店		
开　　本：710 mm×1000 mm　1/16	印　　张：11.25		
字　　数：138 千字			
版　　次：2023 年 9 月第 1 版	印　　次：2023 年 9 月第 1 次印刷		
书　　号：ISBN 978 - 7 - 313 - 28719 - 9			
定　　价：68.00 元			

版权所有　侵权必究

告读者：如发现本书有印装质量问题请与印刷厂质量科联系

联系电话：021 - 56928178

前　言

　　旅游品牌是衡量一个城市旅游综合实力和核心竞争力的重要标志，是测度一座城市旅游市场影响力和感召度的重要标尺。在上海建设世界著名旅游城市的进程中，"上海旅游"品牌正在发挥着重要且独特作用。

　　中共中央、国务院于2021年在《关于支持浦东新区高水平改革开放打造社会主义现代化建设引领区的意见》中首次提出了"培育打响上海服务、上海制造、上海购物、上海文化、上海旅游品牌""五大品牌"建设的基本要求。"五大品牌"的提出，既是上海更好落实和服务国家战略、加快建设现代化经济体系的重要载体，也是推动高质量发展、创造高品质生活的重要举措，更是助力国际消费中心城市和社会主义现代化国际大都市建设的应有之义。

　　上海五大品牌各有特点。"上海服务"品牌重在提高辐射度，"上海制造"品牌重在彰显美誉度，"上海购物"品牌重在增强体验度，"上海文化"

品牌重在展现标识度①,而"上海旅游"品牌则是重在提升吸引度。作为我国重要的都市型旅游目的地城市,上海旅游发展正处在转型升级和提质增效的关键阶段,而加强旅游品牌建设就是推动旅游高质量发展的重要举措。加强"上海旅游"品牌建设,就是要坚持"以文塑旅、以旅彰文"的理念,进一步挖掘都市文化、都市风光、都市商业资源潜力,依托"一江一河""建筑可阅读"和"海派城市考古"等海派文化的独特 IP 实现旅游产品的迭次更新,推动商展文旅体深度融合发展,优化旅游服务质量,提升"上海旅游"品牌吸引度,加快建设世界著名旅游城市。此外,必须深刻认识"上海旅游"与"上海制造""上海服务""上海购物"和"上海文化"之间的内在联系,以系统性思维推动"上海旅游"品牌战略的实施,借助五大品牌之间"耦合作用机制",着眼品牌内涵,着力品牌影响,着重打响"上海旅游"品牌攻坚战。同时,还应发挥中国国际进口博览会、上海旅游节等重大节事会展的平台辐射作用,持续打造都市型、综合性和国际化的上海城市旅游特质和市场形象,丰富"上海旅游"品牌内涵。

本报告旨在对"上海旅游"品牌发展水平进行综合测度,以便准确把握"上海旅游"品牌的发展规律,分析研判"上海旅游"品牌存在的薄弱环节,以期为"上海旅游"品牌朝着更高质量发展提供理论依据和实践参考,助推上海世界著名旅游城市建设进程,同时为其他城市旅游品牌建设提供借鉴。

首先,为上海旅游实施品牌发展战略提供决策依据。旅游品牌建设为上海旅游谋求高质量发展带来了新的方向和路径,同时也面临更具挑战性的任务和要求。作为面向城市旅游运行的政府管理部门,亟须对"上海旅游"品牌现状进行整体考量,特别是在打造旅游品牌过程中,紧

① 贺璟.上海建设"四大品牌"重点问题与对策[J].科学发展,2019(3):16.

扣核心要素,遵循科学发展逻辑,以科学分析作为决策的依据,厘清旅游品牌的发展逻辑,为"上海旅游"品牌战略制定提供理论支撑和决策依据。

其次,为城市旅游品牌实践活动开展提供实践指导。在城市旅游品牌建设过程中,一方面出现了大量的无序竞争和无效活动,迫切需要切实有效的理论指导;另一方面容易忽视对品牌内涵的动态丰富,简单地对城市旅游进行宣传推广,难以形成科学的发展战略,导致类似重复建设和无效活动等一系列现实问题的发生。通过对"上海旅游"品牌内涵的解读和评价指标体系的构建,有利于提高"上海旅游"品牌建设水平。最后,为其他城市旅游品牌建设提供借鉴。上海是我国著名的旅游目的地城市之一,其旅游品牌建设具有较强的引领和示范效应。对上海旅游品牌发展规律和成功经验进行系统总结,形成"上海旅游"品牌发展模式,可以为其他地区和城市的旅游品牌建设提供参考。

受上海市文化和旅游事业发展中心委托,我们组建了由华东师范大学、上海师范大学等多个高校的青年学者和上海市文化和旅游事业发展中心相关成员组成的研究团队,开展"'上海旅游'品牌发展指数研究报告"的数据采集、研究分析和报告编撰工作。本报告主要通过自我审视与横向比较两个方面,对"上海旅游"品牌进行研究。所谓自我审视,是指借助于由45个主客观指标构成的评价体系,对"上海旅游"品牌要素、品牌形象、品牌口碑、品牌质量和品牌忠诚等进行综合分析。所谓横向比较,是指通过与北京、广州和深圳三个城市的多维度比较,客观剖析"上海旅游"品牌发展的市场现状与品牌优化的市场潜力。

本报告撰写分工如下。第一章和第二章由楼嘉军、马红涛、李平和陈彦婷等负责完成。第三章和第四章由马红涛、楼嘉军、宋长海等负责完成。第五章和第六章由翁碧云、李平、宋长海、陈彦婷等负责完成。在本报告大纲讨论、报告编制以及报告修改过程中,得到了上海市文化和旅游事业发展中心的周丹艳、付坤、程燕沁的积极支持与大力协助。此外,张媛和侯新冬为本报告的案例收集和材料整理提供了大力帮助。

本报告得以顺利完成,与团队全体成员的辛勤工作,以及上海市文化和旅游局领导和宣传推广处、重大活动办公室、政策法规处有关同志的指导与协助密不可分。作为本项目的负责人,在此我谨向他们表示诚挚的敬意与真诚的感谢。

在本书即将付梓之际,还要感谢上海交通大学出版社的倪华老师与张勇老师为本书的出版与审校工作付出的心血。需要说明的是,由于本书有关"上海旅游"品牌指数研究工作涉及面比较广、资料来源多元化及研究工作时间比较紧,加上我们认识的局限性,在观点阐述、数据处理、材料分析等方面难免会存在不足,敬请读者批评指正。

目　录

第一部分　总报告

第二部分　专题研究

第一部分

总报告

第一章 绪 论

第一节 研究背景

旅游是展示当地文化和生活面貌的窗口，也是提升城市软实力的重要抓手。随着旅游业的不断发展，品牌在城市旅游目的地竞争中发挥着越来越重要的作用。具备高辨识度的旅游品牌，意味着可获得更有利的市场地位和更可观的商业价值，带动城市旅游乃至城市社会经济迈上更高发展水平。中共中央、国务院于 2021 年在《关于支持浦东新区高水平改革开放打造社会主义现代化建设引领区的意见》中首次将上海"四大品牌"提升为"五大品牌"。2022 年，"打响上海旅游品牌"又被首次写入上海市政府工作报告。因此，全力打响"上海服务""上海制造""上海购物""上海文化"和"上海旅游"五大品牌（以下简称"五大品牌"），既是上海更好落实和服务国家战略、加快建设现代化经济体系的重要载体，也是推动高质量发展、创造高品质生活的重要举措，更是助力国际消费中心城市和社会主义现代化国际大都市建设的应有之义。

一、打响"上海旅游"品牌是上海旅游业转型升级的必由之路

旅游业作为综合性、带动性强的产业，既能拉动经济增长，又能促进

消费升级,是"五大幸福产业"之一。2021 年,上海旅游业加速复苏提振,全年旅游总收入比 2020 年增长 30%,恢复至 2019 年的八成,超过全国平均水平近 20 个百分点,文旅总投资实现 865 亿元,占全社会固定资产投资的 10%[①],是国民经济的重要支柱产业。但是,与日益增长的高品质文旅产品需求相比,上海旅游业仍存在"不平衡、不充分"的发展短板。主要表现在商品销售、游览、娱乐,以及其他服务等非基本消费比重明显低于发达国家。以景区收入构成为例,目前我国 A 级景区收入构成中,门票收入占比 22.80%,商品收入占比 20.51%,餐饮收入占比 25.61%,住宿收入占比 18.7%,演艺收入占比 2.05%,其他收入占比 2.29%。其中,上海门票收入占比全国最高,达 60.53%。相比较,日本东京迪士尼乐园一日游的门票价格为约合人民币 435 元,高于我国绝大多数景区,但门票收入的占比也只有 43% 左右(张凌云,2019)。

随着现代旅游业的快速发展,品牌化已成为旅游目的地的重要竞争手段之一。通过"上海旅游"品牌建设,激活都市型旅游消费,把更多都市文化旅游资源转化为城市旅游消费流量,打响"上海旅游"品牌,助力上海旅游业转型升级和提质增效。

二、打响"上海旅游"品牌是提升游客体验度和满意度的重要保障

如何让游客满意是旅游业可持续发展的关键之匙,也是旅游业的第一标准和根本追求。游客满意度是游客期望和实际感知相比较后的感觉状态,旅游满意度受多种因素的影响,可大到旅游目的地的全貌,也可小到当地居民的一个表情。目的地品牌个性是保持持久差异化和竞争力的

---

① 澎湃新闻."晒"成绩 | 2021 上海文旅成绩单来了! [EB/OL]. https://m. thepaper. cn/baijiahao_ 16424967.2022 - 01 - 24.

源泉,是刺激游客个性联想和积极态度形成的关键要素。目的地旅游品牌建设的根本是通过高质量、个性化、品牌化的旅游产品建设活动提高游客满意度。通过打响"上海旅游"品牌系列行动,明确"上海旅游"的品牌定位,在游客心中建立符合上海形象的旅游品牌个性,给来沪游客带来令人难忘的独特体验,提升游客满意度,获得源源不断的忠诚游客群体,保持上海旅游目的地竞争的战略优势。

三、打响"上海旅游"品牌是上海实施五大品牌行动计划的重要组成部分

2021 年 4 月,中共中央、国务院在《关于支持浦东新区高水平改革开放打造社会主义现代化建设引领区的意见》中指出:"加快建设上海国际消费中心城市,培育打响上海服务、上海制造、上海购物、上海文化、上海旅游品牌,以高质量供给适应、引领、创造新需求。"这是中央首次明确提出打响"上海旅游"品牌,既是对上海建设世界著名旅游城市和国际消费中心城市阶段性成果的肯定,又是对上海旅游业"十四五"期间,乃至更长阶段旅游业发展提出了新的更高的发展目标和工作要求,并就此拉开了上海打响"五大品牌"建设工作新的序幕。2022 年 1 月,在上海市第十五届人民代表大会第六次会议上,"打响上海旅游品牌"第一次写入上海市政府工作报告,标志着"上海旅游"品牌建设步入了新阶段。

打响"上海旅游"品牌既是顺应时代和贯彻落实国家对上海的战略要求,也是上海旅游业自身发展的必然趋势。作为"五大品牌"的重要组成部分,"上海旅游"是上海核心竞争力和世界影响力的体现,是上海建成现代化经济体系、实现转型升级和高质量发展的重要标志,是上海打造社会主义现代化国际大都市的有效途径。

四、打响"上海旅游"品牌是提升城市软实力的有力抓手

软实力已成为当今国家和城市竞争的关键要素。2021年6月,上海在全国率先提出将"软实力"应用于国际大都市的发展和治理。面对百年未有之大变局,如何进一步提升上海城市软实力,以推动上海建设全球卓越城市,成为当前和今后一段时期内的重要议题。旅游是展示当地文化和生活面貌的名片,"上海旅游"品牌是提升城市软实力的有力抓手。通过都市文化、都市商业和都市风光等旅游资源呈现,以上海旅游节、上海迪士尼、"建筑可阅读"和"海派城市考古"等为载体,坚持以文塑旅、以旅彰文的发展理念,持续塑造上海旅游的"都市型、综合性、国际化"特质,不断提升上海旅游的吸引度和"上海旅游"品牌的标识度,强化品牌影响力,促进城市软实力提升,助力世界著名旅游城市建设。

第二节 研究意义和研究思路

一、研究目的

旅游目的地品牌和旅游城市品牌竞争力的相关研究,多基于应用范畴的可行性和全面性,以及数据的可获取性进行开展,整体上导致评价指标体系和评价模型的针对性不强。在广泛借鉴现有研究成果的基础上,本报告的模型主要基于 Boo(2009)的品牌资产理论和庄国栋(2018)的国际旅游城市品牌竞争力评价体系,并结合上海作为世界著名旅游城市、都市型旅游目的地的自身特点,构建了包含品牌传播、品牌形象、品牌质量、品牌竞争力和品牌忠诚5个一级指标,媒体传播度、关注度、品牌口碑、品牌要素、城市形象、旅游形象、旅游要素质量、基础设施质量、旅游服务质

量、品牌活力、品牌吸引力、品牌潜力、满意度和忠诚度等 14 个二级指标、以及百度人气指数等 45 个三级指标的评价指标体系和测度模型，采用年鉴和统计公报为代表的客观数据、游客问卷调查作为主观数据，对 2022 年"上海旅游"品牌发展水平进行综合测度，以便厘清"上海旅游"品牌的发展规律，分析研判"上海旅游"品牌存在的薄弱环节，以期为"上海旅游"品牌朝着更高质量发展提供理论依据和实践参考，助推上海世界著名旅游城市建设进程，同时为其他城市旅游品牌建设提供借鉴。

二、研究意义

（一）理论意义

国内外学者对城市旅游品牌和旅游竞争力进行了系统性的研究，但对单个城市旅游品牌评价和测度的研究还比较薄弱，尤其对单个城市旅游品牌的发展机理、质量测度等进行深入探讨的文献比较鲜见。本报告结合上海旅游发展的实际，基于文献梳理和专家访谈，在厘清旅游品牌内涵和各要素之间关系的基础上，构建了"上海旅游"品牌评价指标体系，从品牌传播、品牌形象、品牌质量、品牌竞争力和品牌忠诚等维度对 2022 年"上海旅游"品牌发展情况进行综合评价，深化了城市旅游品牌研究理论，完善了城市旅游品牌的研究框架。

首先，鉴于已有旅游品牌的研究多从品牌资产理论出发，强调品牌形象和品牌价值的重要性，本报告并不回避品牌形象和品牌价值的重要作用，但进一步认为旅游品牌是个更加系统、多元的存在，还应考虑品牌传播、品牌竞争力和品牌忠诚等维度。因此，通过文献回顾和专家访谈等多轮研究，本报告构建了"上海旅游"品牌多维度模型，有利于更加全面地认识旅游品牌的内涵及构成。其次，从竞争力角度，学者们在目的地旅游品牌研究方面虽然取得了一定的成果，但多为实证研究，理论贡献相对欠缺。由于城市旅游品牌的系统性,十分有必要将一个城市或目的地的旅游作为一个整体进行探讨。最后,学者们当前对目的地品牌评价或从供给视角出发,利用目的地的旅游收入、旅游资源等进行客观评价;或从需求视角切入,采用问卷调查方法从游客感知视角对旅游品牌进行满意度评价。本报告构建的"上海旅游"品牌指标体系既包括公开的年鉴、统计公报等客观指标,又包括一手的问卷调查数据,能够更加准确、科学地反映"上海旅游"品牌现状,对现有目的地旅游品牌研究起到进一步的深化和拓展作用。

(二)实践意义

首先,为上海旅游实施品牌发展战略提供决策依据。旅游品牌建设为上海旅游谋求高质量发展带来了新的方向和路径,同时也面临更具挑战性的任务和要求。作为城市旅游运行的政府管理部门,需要对上海旅游品牌现状进行整体把握,特别是对旅游品牌打响过程中的核心要素和发展逻辑,需要以科学理论分析作为决策的依据。本报告通过大量权威的官方数据和一手的游客调研数据,全面反映了"上海旅游"品牌的发展现状,厘清了旅游品牌的发展逻辑,为"上海旅游"品牌战略制定提供了理论支撑和决策依据。其次,为城市旅游品牌实践活动开展提供实践指导。在城市旅游品牌建设过程中,一方面出现了大量的无序竞争和无效活动,迫切需要切实有效的理论指导;另一方面忽视对品牌内涵的动态丰富,简单地对城市旅游进行宣传推广,难以形成科学的发展战略,导致类似重复建设和无效活动等一系列现实问题的发生。通过对"上海旅游"品牌内涵的解读和评价指标体系的构建,有利于提高"上海旅游"品牌建设水平。最后,为其他城市旅游品牌建设提供借鉴。上海是我国著名的旅游目的地城市之一,其旅游品牌建设具有较强的引领和示范效应。以上海为案例,对旅游品牌发展规律和成功经验进行系统总结,形成"上海旅游"品牌发展模式,可以为其他地区和城市的旅游品牌建设提供参考。

三、研究思路

本报告遵循问题导向型研究路径,围绕设定好的研究目标,以经典的目的地理论和品牌理论范式为依据,通过发现问题、构建评价模型、综合测度和解决问题等步骤有序开展,并给出了每个模块的具体研究内容和操作方法。本报告的技术路线如图1-1所示。

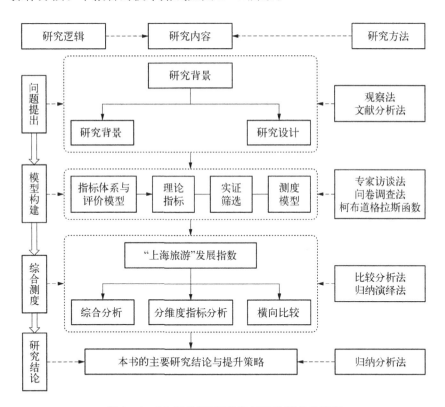

图1-1 "上海旅游"品牌发展指数研究思路图

首先,本报告基于市场营销和旅游学等经典理论,通过梳理目的地品牌研究进展,对"上海旅游"品牌发展现状进行系统分析,构建了"提出问题—模型构建—综合测度—解决问题"的分析框架。同时,基于与北京、广州和深圳等国内重要的旅游城市的比较,归纳和提炼"上海旅游"品牌的优势和不足。在此基础上,提出提升"上海旅游"品牌的建议与对策。

其次,本报告在对"上海旅游"品牌评价时,基于多个视角切入,综合测度品牌发展指数,并从问卷调查、年鉴和第三方平台等多个渠道获得相关指标数据,力求评价的全面性、客观性和准确性。值得强调的是,在进行数据处理时,根据不同类型数据的特点选择合适的处理思路,具体遵循自我审视和横向比较的评价思路。所谓自我审视,是指对"上海旅游"品牌要素、品牌形象、品牌口碑、品牌质量和品牌忠诚等进行全方位的评价,主要是通过大量的客观数据,以及1 000余份游客市场调查问卷的数据进行综合分析来体现的。所谓横向比较,是指通过与北京、广州和深圳三个一线城市的多维度比较,客观地呈现"上海旅游"品牌发展的市场现状与市场潜力。

参考文献:

［1］白凯,胡宪洋.旅游目的地品牌个性:理论来源与关系辨识[J].旅游学刊,2013,28(04):35-47.

［2］高静.旅游目的地形象、定位及品牌化:概念辨析与关系模型[J].旅游学刊,2009,24(02):25-29.

［3］王慧敏.上海发展文化创意旅游的思路与对策研究[J].上海经济研究,2015(11):113-120.

［4］曲颖,李天元.基于旅游目的地品牌管理过程的定位主题口号评价——以我国优秀旅游城市为例[J].旅游学刊,2008(01):30-35.

［5］张凌云.景区门票价格与门票经济问题的反思[J].旅游学刊,2019,34(07):17-24.

［6］庄国栋.国际旅游城市品牌竞争力研究［D］.北京：北京交通大学,2018.

［7］BOO S，BUSSER J，BALOGLU S. A model of customer-based brand equity and its application to multiple Destinations［J］. Tourism Management，2009，30(2)：219－231.

第二章 "上海旅游"品牌发展指数指标体系

第一节 理论依据与评价方法

一、理论依据

(一)城市旅游竞争力理论

竞争力是一个复杂的系统概念,城市竞争力是衡量综合竞争力的重要因素,自20世纪80年代以来即引起了政府和专家学者的注目。美国哈佛大学的Porter教授为竞争力理论的发展做出了卓越的贡献,创立了"波特四因素"模型,并为国家竞争力、区域竞争力、产业竞争力和城市竞争力等理论的产生奠定了基础。

城市旅游竞争力是在与其他城市相对比时展现出来的,在当前形势下如果一个城市综合素质比较高,其所表现出来的旅游竞争优势也较为明显(李树民,2002)。一般认为,城市旅游竞争力就是不同区域关于旅游产业方面的竞争产生的结果,是区域竞争力和产业竞争力的综合。城市旅游竞争力的实质是:能够在有利于环境的前提下,为该区域带来经济效益,促进区域经济发展,提高区域建设,为当地居民提供更高的生活质量保障(李雪鹏,2010)。一个城市旅游竞争力的形成是建立在城市内外资源基础上的,既有旅游产业自身因素的影响,也有外部环境因素的作用,并最终体现在旅游市场中(苏伟忠,2003)。具体因素包括旅游资源、交通和区位条件、旅游企业竞争力、政府作用和政策支持、旅游环境和旅游人才等。从研究进程来看,最初聚焦在城市的旅游资源禀赋上,后来逐渐关注旅游政策、旅游企业和旅游人才等方面。其中旅游资源是城市旅游竞争力的核心因素,是旅游竞争力的支撑;区位和交通条件是发展旅游业的基础性条件,是连接目的地和市场的纽带;旅游企业是服务游客的一线实践者,能够为旅游者带来难忘的旅游体验;政府政策、方针的制定和实施对城市旅游竞争力起到特殊作用,旅游从业人员素质是高质量旅游服务的保障。

（二）旅游目的地品牌理论

当今旅游产品同质化严重,可替代性日益增强,旅游目的地竞争日益激烈,品牌化成为当地目的地营销者的利器。目的地品牌是指一个符号、图案、文字、标志等要素的组合,能够使游客识别和区分目的地,包含旅游产品的集中体现、旅游目的地的定位、文化内涵与目的地形象的管理,并产生"区别于他人并具有独一无二的吸引力"(邹统钎,2021)。旅游目的地品牌由一系列品牌要素组成,使其与竞争对象产生差异,进而获得竞争优势。

品牌是一种能对产品本身带来溢价、增值的一种无形的资产。城市品牌是指城市在对外及对内推广自身形象的过程中,让被感知者形成的一种感知和认同。旅游品牌指凭借一定的时空范围条件,旅游经营者在差异性的产品与服务的组合基础上确立其独特的形象名称、标记或符号,或如景观、美食、民族等具有独有的特色而形成的品牌,体现了旅游产品独特的个性及旅游消费者对其的认可度和好感。构成旅游品牌的因素较多,主要反映在相互作用的内外因素两个方面,外部因素涵盖了城市标识标志符号、城市风情特色建筑、城市旅游设施及资源等；内部因素包含了文化、旅游服务质量等方面。通过内外因素的相互影响和不断提炼，一个城市旅游品牌才能最终形成。

二、相关概念

在城市旅游品牌概念体系中通常有旅游品牌、旅游目的地品牌、品牌形象等相关概念。美国营销协会将品牌定义为一种名称、术语、标记、符号或设计，或者是这些要素的集合，其目的是借以辨认产品或服务，并使之与竞争对手的产品、服务区别开来[1]。在旅游目的地的品牌理论研究方面，Buhalis对其的定义就是在某一旅游资源较为丰富的地理空间中，有意识、有组织地对各个相关要素和制度机制进行协调整合，使之向设定好的旅游目的地意图传达的品牌形象和内涵发展，并通过各种相应的方式让旅游者感受到其价值，从而达到旅游目的地输出价值形象统一化、品牌化的目的。在研究旅游目的地品牌的同时，也出现了以城市旅游品牌作为特殊的旅游目的地品牌展开的研究。城市旅游品牌是公众在旅游体验过程中形成的关于城市旅游功能、城市情感、城市自我表现性等识别要素的一系列独特联想(马聪玲等，2008)，是在城市旅游资源的基础上，展现城市旅游的良好风貌，在旅游者心中形成良好的意识，从而形成城市的整体意识。国外学者对目的地品牌构成中的品牌意识(Brand Awareness)、品牌现状(Presented Brand)、品牌意义(Brand Meaning)、品牌资产(Brand Equity)的范围也做出界定。

从品牌到旅游目的地品牌，再到城市旅游品牌，都突出了品牌的独特性、区别于竞争对手。而目的地品牌概念直接指出了目的地品牌的内容，

---

[1] 菲利普·科特勒，凯文·莱恩·凯勒，卢泰宏.营销管理[M].北京：中国人民大学出版社，2009：228.

包括名称、标志或其他图形。在表现上是有形的,在功能上是巩固加强愉快回忆以及在目的地的体验。城市旅游品牌概念没有明确指出城市旅游品牌的内容,只强调是在城市旅游的基础上,在公众头脑中生成的一种独特联想,即城市旅游品牌是一种独特联想。由于没有统一的概念,更没有统一的标准,所以城市旅游品牌的构成要素也成了研究的重点和难点。城市旅游品牌包括功能感知和情感体验两个方面,构成要素有基础设施、人文环境、自然环境、社会环境四个部分。旅游资源是旅游品牌的载体,城市旅游品牌的载体就是城市中的多种景观。从狭义旅游的角度来说,是旅游产品、旅游资源、旅游基础设施及旅游配套支撑要素。从城市旅游品牌的构成要素可以看出,城市旅游具有个性化、层次性、多样性和文化性等特征。

三、评价方法

根据对城市旅游品牌内涵的诠释,综合各方面的研究成果,当前城市旅游品牌指标及测度方法有复合指标法和游客感知法。不同学者或机构由于研究目标、研究方法、研究对象和切入视角等不同,选择的具体指标和测度方法也不同。

所谓复合指标法,是指选用与城市旅游品牌有关的多种指标予以综合分析,进而反映城市旅游品牌现状。纵观国内外学者使用复合指标方法测量城市旅游品牌取得的研究成果,发现其基本模式是一致的:首先选择能反映旅游品牌各方面基本特征的一组指标,然后根据这些指标测算出一个综合值,其结果代表该城市或地区的旅游品牌水平。但是由于学者研究依托的理论和切入视角不同,旅游品牌的基本维度和指标也不同。此外,选取的地区或城市的尺度不同,获取指标数据的难易程度也会有所差异,选择的具体指标就会有所不同。当前国内外比较成熟的旅游品牌指标体系有以下几种。

第一,2007年由世界经济论坛首次发布"旅行及观光竞争力指数",并每两年对140余个世界主要国家和地区的旅游品牌发展进行评价,指标体系包括政策规定和规章制度、商业环境和基础设施和人文、文化和自然资源3个维度,其中政策规定和规章制度维度包括政策规定和规章制度、环境规章制度、安全和保障、健康和卫生、旅行及观光业的优先化等指标;商业环境和基础设施维度包括空中交通基础设施、陆地交通基础设施、观光基础设施、ICT(Information Communication Technology 的简称)基础设施和观光业价格竞争力等指标;人文、文化和自然资源维度包括人力资源、国家的观光业认知度和自然文化资源等指标。

第二,中国旅游研究院每年发布"世界旅游竞争力排名",测评的对象为纽约、伦敦、巴黎、东京、上海和北京等世界主要的旅游城市,指标体系包括文化丰饶、商业环境和未来生活等维度。

第三,中国社会科学院每年发布的"中国城市品牌影响力指数",对中国288个城市进行评估与测量,包括文化品牌影响力指数、旅游品牌影响力指数、投资品牌影响力指数、宜居品牌影响力指数和品牌传播影响力指数等6个维度,其中旅游品牌影响力指数包括旅游人气、旅游吸引力、旅旅游发展效益和旅游营销传播等维度。

第四,庄国栋(2018)基于品牌生态学理论,从旅游者、旅游企业、旅游产业和旅游城市管理四个层面,构建了"国际旅游城市品牌竞争力指数"指标体系,包括品牌竞争力、品牌知名度、品牌美誉度、品牌推荐度4个准则层,旅游景气指数、旅游发展潜力指数、旅游吸引力指数、旅游支持力指数、旅游品牌营销指数、旅游满意度指数和旅游忠诚度指数7个指数层,共34个具体指标。

游客感知法的基本模式是根据品牌资产、目的地品牌等理论,构建城市旅游品牌量表,并对游客展开问卷调查,获取游客对目的地旅游品牌的主观感知和评价。如苑炳慧(2015)基于旅游目的地品牌和品牌资产等相关理论,采用扎根理论方法,确定了品牌意识、品牌形象、感知质量、品牌体验、品牌联想和品牌忠诚6个维度,并设计了具体的测量量表。此外,有些学者尝试通过访谈或点评文本,识别对目的地品牌的评价,其本质仍是基于游客感知评价或情感表达。如陈航(2018)构建了目的地品牌与旅游者情感关系的分析框架和目的地品牌评价指标体系,并以互联网旅游日记为数据来源,运用内容分析法对大连旅游品牌进行了情感评价,发现游客的情感评价主要集中在旅游资源、基础设施、接待服务和社会环境等维度。

　　上海"五大品牌"各有特点。"上海服务"品牌重在提高辐射度,"上海制造"品牌重在彰显美誉度,"上海购物"品牌重在增强体验度,"上海文化"品牌重在展现标识度,而"上海旅游"品牌重在提升吸引度。作为我国重要的旅游目的地之一,当前上海旅游业正处在转型升级和提质增效的关键阶段,面临有形资源等"天花板"制约,而品牌则是可以无限升值的无形资产,是高质量发展的标识。"上海旅游"品牌建设就是要坚持"以文塑旅、以旅彰文"的理念,进一步挖掘都市文化、都市风光、都市商业资源潜力,依托"一江一河""建筑可阅读"和"海派城市考古"等海派文化的独特IP实现旅游产品的迭代更新,推动商展文旅体融合发展,优化旅游服务质量,提升"上海旅游"品牌吸引度,加快建设世界著名旅游城市。此外,必须认识到"上海旅游"与"上海制造""上海服务""上海购物"和"上海文化"之间的内在联系,以系统工程的思维推动品牌战略的实施,特别注重加强顶层设计和整体规划,探寻"五大品牌"之间的"协同机制",追求"合力围攻",着眼品牌内涵,着力品牌影响,打响"上海旅游"品牌攻坚战。还应加强跨周期重大战略旅游投资,发挥中国进口博览会、上海旅游节等重大节事会展平台辐射作用,重塑都市型、综合性和国际化的上海城市旅游特质和市场形象。

第二节　设计原则与逻辑框架

一、设计原则

为了客观、全面和科学地评价"上海旅游"品牌发展的现状,依据已有的相关研究成果和形成的相关研究基础,"上海旅游"品牌评价指标体系设计主要遵循以下 4 个原则。

（一）系统性原则

所谓系统性原则,是指有关"上海旅游"品牌指标体系的各个指标之间应遵循一定的逻辑关系,一级指标之间存在一定的相互联系;一级指标能够涵盖全部二级指标的所有信息,与此同时,该一级指标包含的所有二级指标组成的系统又能比较全面地反映该一级指标要表达的信息;二级指标和三级指标的关系亦是如此。

（二）科学性原则

所谓科学性原则,是指有关指标选取必须遵循"上海旅游"品牌的科学发展规律。一方面,指标不宜过多或过细,以免出现计算繁琐,致使研究信息重叠;另一方面,也不宜过少过简,以免造成信息遗漏,导致研究结果失真。秉承科学的态度和原则,适当选取相关指标,有利于客观、准确、全面地反映"上海旅游"品牌的实际发展情况以及未来演变趋势。

（三）全面性原则

所谓全面性原则,是指关于指标体系的相关指标数据的获取渠道应该尽可能多种多样,以避免因单一渠道数据评价带来的信息失真、结论偏颇的现象出现。

（四）可操作性原则

所谓可操作性原则,是指关于指标体系的构建要充分考虑现实情况,不能过于理论化或理想化,避免找不到相应研究数据的困境。要把实用性、研究性和可操作性结合起来,选择一些既有代表性,又容易获取,且比较权威的统计机构发布的数据,以及通过严格程序获取的主观数据。

依据"上海旅游"品牌的内涵,遵循系统性、科学性、全面性和可操作性原则,选择能够准确代表"上海旅游"品牌发展情况的指标构建评价指标体系。形成的评价指标体系要层次分明、逻辑清晰,选择的具体指标数据具有代表性、权威性和公开可得性。

二、逻辑框架

衡量"上海旅游"品牌发展水平与发展质量的评价指标体系构成了一个内容比较复杂、层次比较分明的网络结构,依据各个指标的表现和所处位置,不仅可以客观、准确地判别与评价"上海旅游"品牌的发展质量和各维度的具体情况,而且还能够诊断"上海旅游"品牌当前发展所面临的制约短板与发展困境,预测"上海旅游"品牌发展的演变趋势、方案选择以及监测预警。本报告可以成为相关管理部门,以及行业从业人员认识和把握"上海旅游"品牌建设发展水平的基本工具和有效途径。

依据理论溯源和现实情况,根据对"上海旅游"品牌内涵的解读和发展问题的判断,构建"上海旅游"品牌评价指标体系的逻辑框架,见图2-1。

根据对城市旅游竞争力和目的地品牌研究的梳理,结合上海旅游发展的现实情况及目标定位,"上海旅游"品牌测度应重点衡量品牌传播和品牌竞争力,关注游客对品牌形象、品牌质量的评价及品牌忠诚度,并强

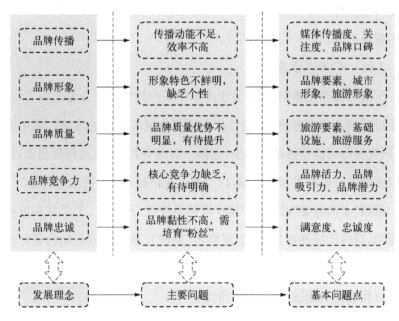

图2-1 "上海旅游"品牌评价体系构建逻辑图

调它们之间的逻辑关系。希望通过客观和主观数据形成的评价指标体系和测量结果能够反映出问题背后的原因,为进一步制定旅游品牌发展战略和打响"上海旅游"品牌提供参考。此外,只有明确每个系统和主要特征对应的变量和要素,才能更好地描绘"上海旅游"品牌各层级之间的逻辑关系,给出恰当的问题解决方案。如"上海旅游"品牌发展中应看重品牌传播的效果,面临着"传播动能不足,效率不高"等问题,应从媒体传播度、游客关注度和品牌口碑等方面具体衡量和给出解决方案;品牌形象是衡量"上海旅游"品牌的重要维度,当前面临着"形象特色不鲜明,缺乏个性"等不足,应关注品牌要素、城市形象和旅游形象的建设;品牌质量是上海旅游各要素的衡量准绳,当前存在"品牌质量优势不明显"的问题,需要从旅游要素、基础设施和旅游服务等各方面全方位查缺补漏,确立自身优势;品牌竞争力是"上海旅游"相对于其他目的地品牌的竞争能力和比较优势,"上海旅游"品牌存在着"核心竞争力缺乏,有待明确"等问题,需要进一步提升品牌的活力、增强品牌吸引力、挖掘品牌潜力;品牌忠诚是"上海旅游"品牌打响进程中需要特别关注的方面,当前存在着"品牌黏性不高,需进一步培养'粉丝'群体"等问题,需要持续提升游客关注度和满意度。旅游品牌是公众在旅游体验过程中形成的关于城市旅游功能、城市情感、城市自我表现性等识别要素的一系列独特联想(马聪玲,2008)。结合"上海旅游"品牌的内涵与特征,本报告认为"上海旅游"品牌发展质量是品牌要素、市场营销、品牌质量和品牌忠诚等要素的综合呈现。

在进行"上海旅游"品牌评价指标体系构建时,本报告遵循"理论指标收集—实证筛选—测度模型确定"的研究逻辑。首先,通过梳理品牌资产(Boo,2009;夏媛媛,2017)、品牌竞争力(周玫,2005;Shtovba,2006)、旅游城市品牌竞争力(庄国栋,2018)、目的地品牌资产(Kim,2009;苑炳慧,2015)等相关文献,梳理出相关指标和题项96个。其次,邀请旅游管理、市场营销、旅游目的地管理等方面的学者、智库专家和企业管理者等对指标进行评价,筛选剔除重复、相关性不大等指标。最后,根据研究目标,形成最终的指标体系。本报告采用45个指标要素,比较全面系统地围绕"上海旅游"品牌进行了科学的定量描述,构成了评价指标体系的基本框架。

第三节　指标构成与指标解读

一、指标构成

本报告将"上海旅游"品牌发展指数评价指标归纳为品牌传播、品牌形象、品牌质量、品牌竞争力、品牌忠诚5个方面,涵盖14个二级指标,共45个三级指标,见表2-1。

表 2-1 "上海旅游"品牌评价指标体系

一级指标	二级指标	三 级 指 标	单位	变量	属性
品牌传播	媒体传播度	百度人气指数	1	X_1	正向
		谷歌搜索量	万次	X_2	正向
		正面新闻报道数	次	X_3	正向
		负面新闻报道数	次	X_4	负向
	关注度	社交媒体粉丝数	万个	X_5	正向
		博文点赞数	万个	X_6	正向
		博文转发量	次	X_7	正向
	品牌口碑	正面口碑	/	X_8	正向
		负面口碑	件	X_9	负向
		城市声誉	名次	X_{10}	正向
品牌形象	品牌要素	品牌 Logo	/	X_{11}	正向
		品牌口号	/	X_{12}	正向
		城市宣传片	/	X_{13}	正向
	城市形象	市容环境	/	X_{14}	正向
		人文环境	/	X_{15}	正向
		居民友善度	/	X_{16}	正向
	旅游形象	品牌形象认同	/	X_{17}	正向
		品牌联想	/	X_{18}	正向
		品牌共鸣	/	X_{19}	正向
品牌质量	旅游要素质量	景区质量	/	X_{20}	正向
		宾馆质量	/	X_{21}	正向

续　表

一级指标	二级指标	三级指标	单位	变量	属性
品牌质量	旅游要素质量	休闲娱乐设施质量	/	X_{22}	正向
	基础设施质量	配套设施质量	/	X_{23}	正向
		标识系统质量	/	X_{24}	正向
	旅游服务质量	服务技巧	/	X_{25}	正向
		服务态度	/	X_{26}	正向
		服务特色	/	X_{27}	正向
品牌竞争力	品牌活力	旅游收入	亿元	X_{28}	正向
		旅游人次	万人次	X_{29}	正向
		客房平均出租率	%	X_{30}	正向
		客房平均价格	元/间/晚	X_{31}	正向
		旅游收入占地区生产总值比重	%	X_{32}	正向
	品牌吸引力	5A级景区数	个	X_{33}	正向
		空气质量优良天数	天	X_{34}	正向
		CPI	%	X_{35}	负向
	品牌潜力	机场旅客吞吐量	万人次	X_{36}	正向
		铁路客运量	万人次	X_{37}	正向
		国际航班通达数	个	X_{38}	正向
		旅游人次增长率	%	X_{39}	正向
		旅游收入增长率	%	X_{40}	正向
品牌忠诚	满意度	持续关注度	/	X_{41}	正向
		认同度	/	X_{42}	正向

一级指标	二级指标	三 级 指 标	单位	变量	属性
品牌忠诚	忠诚度	重游	/	X_{43}	正向
		推荐他人	/	X_{44}	正向
		溢价游玩	/	X_{45}	正向

二、指标解读

(一)品牌传播

品牌传播是一个复杂的过程,既包括长时间品牌信息传播流量,又包括短期的典型活动。衡量品牌传播效果的重要指标有受众广泛程度、覆盖面和传播速度等,具体有媒体传播度、游客传播度和品牌口碑。品牌传播主要反映"上海旅游"品牌的传播范围和效果,是"上海旅游"品牌发展质量和影响范围的直接体现。随着互联网技术的兴起,微博、抖音等成了品牌传播的重要渠道,也是衡量品牌传播效果的重要指标。基于理论指标收集和实证筛选,本报告选取了百度人气指数、谷歌搜索量、正面新闻报道数和负面新闻报道数来衡量媒体传播度,社交媒体粉丝数(微博+抖音)、博文点赞数(微博+抖音)、博文转发量(微博)来衡量游客关注度,正面口碑、负面口碑和城市声誉来衡量品牌口碑。

1. 媒体传播度

百度人气指数是以百度网页搜索和百度新闻搜索为基础的海量数据分析服务,用以反映不同关键词在过去一段时间里的"用户关注度"和"媒体关注度"(黄先开,2013)。分别以"上海旅游""北京旅游""广州旅游""深圳旅游"为关键词,生成4个城市2021年的旅游品牌百度指数。百度指数越高,代表该时间段用户关注度越高,品牌传播效果越好。

谷歌是全球最受欢迎的网络搜索引擎之一。谷歌搜索量(谷歌趋势)能够反映某一搜索关键词在一定时间段被搜索的相对频数和变化趋势,是反映入境游客搜索目的地情况的重要指标。分别在谷歌浏览器搜索"Shanghai＋travel""Beijing＋travel""Peking＋travel""Guangzhou＋travel""Shenzhen＋travel",通过比较谷歌搜索量看四城市旅游品牌在国外的传播度。

正面新闻报道是指新闻媒体倡导某种现象、观点或事件,以保持一定的社会道德水平和社会秩序。负面新闻报道是新闻媒体对某一现象、行为进行揭露和批判,引发人们的深入思考。目的地正面新闻报道和负面新闻报道反映了媒体对目的地品牌形象的关注程度和态度。慧科搜索(Wise Search)可以快速响应客户的搜索请求,便捷地为客户提供最全面、最精确的搜索结果。资讯慧科搜索依托全球最大的中文媒体资讯库,接近1 600多种出版物随时提供大中华区发布的各种信息。此外,慧科搜索还能将正面新闻报道和负面新闻报告进行区分,已成为研究者获取相关数据的重要渠道。本报告分别以"上海旅游""北京旅游""广州旅游""深圳旅游"为关键词,在慧科搜索平台获取四个城市旅游品牌的正面新闻报道数和负面新闻报道数,用以衡量四个城市旅游品牌形象传播情况。其中负面新闻报道为负向指标,数值越大,代表媒体对该城市的负面报道越多,品牌传播效果越差。

2. 关注度

随着互联网技术的广泛应用,游客基于出游需求,主动通过互联网跨时空搜索获取信息逐渐成为趋势(舒小林,2022)。网络关注度与游客数量之间存在显著正向关系,一般而言,游客关注度越高,旅游景点游客数量越多,品牌形象传播效果越好。近年来,微博、抖音成为网民传递信息、表达情感、记录生活的重要手段,因而其粉丝量、点赞数等成为衡量网络宣传效果的重要指标。与此同时,微博、抖音等平台数据也是城市信息化传播的统计量和网民认可度指标,对促进城市名片的虚拟 IP 打造、数据信息的网络增值、城市特色的推广具有重要的现实意义(丁志伟,2022)。基于此,本报告选取上海、北京、广州和深圳 4 座城市微博和抖音官方旅游账号的粉丝数、博文(视频)点赞数和转发量作为游客(网络)关注度的重要指标。经过筛查梳理发现,4 座城市微博旅游官方账号名称分别为"乐游上海""文旅北京""广州市文化广电旅游局""i 游深圳",抖音旅游官方账号分别为"乐游上海""文旅北京""广州文化乐游""i 游深圳"。分别以两个平台官方旅游账号的粉丝数、原创博文(视频)转发量和点赞数之和代表该时间段游客关注度,粉丝数、博文转发量和点赞数越多,表示游客关注度越高。

3. 品牌口碑

品牌口碑源于购买者,可信度和资源价值高,是消费者信息获取的重要来源和决策制定的关键因素,也是制定营销策略和改进管理的重要依据。品牌口碑能够反映旅游者对目的地品牌形象的感知和态度,也是了解其未来行为意愿的线索。本报告通过问卷调查来获取游客的正面口碑,即游客对"'上海旅游'有好的口碑"的认同程度。

负面口碑是一种负向的信息环境因素,传达了有关目的地的负面看法和旅游风险信息,是游客感知形成与行为决策的信息基础(朱金悦,2021)。12345 热线是各地市人民政府设立的由电话 12345、市长信箱、手机短信、手机客户端、微博、微信等方式组成的专门受理热线事项的公共服务平台,提供"7×24 小时"全天候人工服务,已成为游客投诉和表达不满的重要渠道。本报告通过获取上海 12345 平台 5 年来旅游投诉的数据,衡量"上海旅游"品牌的负面口碑。

城市声誉是衡量城市软硬环境的重要指标,是对城市品牌形象的认证。上海城市定位为"加快建设具有世界影响力的社会主义现代化国际大都市",并提出了深化世界著名旅游城市建设,特别注重城市的国际影响。因此,本报告选取国际主流城市排行榜来衡量上海的城市声誉,也是"上海旅游"品牌声誉在世界范围内的重要表现。GaWC 全球城市分级排名[①]、全球金融中心指数(GFCI)[②]是世界范围内的最为权威的两大城市排行榜单,二者从不同维度刻画城市的能级和影响力。全球城市 500 强榜单是国际上重要的评价城市品牌价值的重要标准[③],由全球城市实验室发布的,从经济、文化、治理、环境、人才和声誉等六个维度综合计算出各国主要城市的品牌价值。

（二）品牌形象

目的地品牌形象是个体对旅游目的地的认知、情感和整体印象的心理表征(Baloglu,1998),主要包括品牌名称、品牌标志和品牌标识语等要素(马东跃,2013)。品牌形象是游客对"上海旅游"品牌要素、形象的评价,是衡量"上海旅游"品牌的重要维度。本报告通过品牌要素、城市形象和旅游形象等 3 个维度,及品牌 Logo、品牌口号、城市宣传片、市容环境、人文环境、居民友善度、品牌形象认同、品牌联想和品牌共鸣等 9 个具体指标来衡量"上海旅游"品牌形象。

本报告在测度"上海旅游"的品牌形象时采用了成熟的问卷量表,其

① GaWC 全球城市分级排名是"Globalization and World Cities Research Network"的简称,中文一般翻译为"全球化与世界城市研究网络",于 20 世纪 90 年代后期创建于英国的拉夫堡大学地理系,被誉为全球最权威的城市评级机构,GaWC 排名重点不在于城市的规模,而在于勾勒它们与全球的联系,评价它们在全球城市网络中的"节点"作用。
② "全球金融中心指数"(Global Financial Centers Index, GFCI)是全球最具权威的国际金融中心地位的指标指数。由英国智库 Z/Yen 集团和中国(深圳)综合开发研究院共同编制。2007 年 3 月开始,该指数开始对全球范围内的 46 个金融中心进行评价,并于每年的 3 月和 9 月定期更新以显示金融中心竞争力的变化。该指数着重关注金融中心的市场灵活度、适应性以及发展潜力等方面。全球金融中心指数的评价体系涵盖了营商环境、金融体系、基础设施、人力资本、声誉及综合因素五大指标。
③ 全球城市实验室(Global City Lab)是世界范围内第一家从事城市品牌价值测评的专业机构,从经济、文化、治理、环境、人才和声誉六个维度,计算出各国主要城市的品牌价值,并每年发布《全球城市 500 强》分析报告。

中品牌要素形象包括品牌口号、品牌 Logo 和城市宣传片 3 个方面,借鉴了徐尤龙(2015)的相关研究。城市形象包括市容环境、人文环境和居民友善度等 3 个题项。旅游形象包括品牌形象认同、品牌联想和品牌共鸣等 3 个题项,主要借鉴了 Boo(2009)关于目的地品牌资产的相关量表。

(三)品牌质量

本报告的品牌质量从消费者感知角度出发,指消费者对商品整体优越性或卓越性的判断,是一种主观态度,更是对产品价格、质量和价值等感知做出的综合评价(Zeithaml,1988)。"上海旅游"品牌质量指旅游要素、基础设施和旅游服务等发展状况,这是游客对"上海旅游"品牌质量的全面评价。本报告通过问卷调查获取游客对"上海旅游"品牌质量的感知情况,其中旅游要素质量包括景区质量、宾馆质量和休闲娱乐设施质量等 3 个题选,改编 Boo(2009)的经典量表;基础设施质量包括配套设施质量和标识系统质量 2 个题项,借鉴了贺宇帆(2017)关于旅游公共服务系统测量题项。旅游服务质量包含服务技巧、服务态度和服务特色等 3 个题项,综合了 Boo(2009)和苑炳慧(2015)关于目的地品牌资产的相关量表。

(四)品牌竞争力

"上海旅游"品牌竞争力的测度借鉴了庄国栋(2018)关于国际旅游城市品牌竞争力指标体系。包括品牌活力、品牌吸引力和品牌潜力 3 个二级指标,旅游收入、旅游人次、客房平均出租率、客房平均价格、旅游收入占地区生产总值比重、5A 级景区数、空气质量优良天数、消费者物价指数(CPI)、机场旅客吞吐量、铁路客运量、国际航班通达数、旅游人次增长率和旅游收入增长率等 13 个三级指标。

1. 品牌活力

品牌活力又被称为品牌景气指数,是用以说明品牌活跃程度的重要指标,一般从市场景气度切入进行测量。"上海旅游"品牌活力从市场和产业两个视角进行测量:市场方面,指标必须反映上海旅游业繁荣的水平,可以通过旅游收入和旅游人次 2 个指标来衡量;产业方面,包括旅游业中的饭店、景区等一系列与之关联的产业经营情况,本报告选取了客房平均价格和平均出租率 2 个指标。此外,旅游业在整个市场经济中的地位也是衡量该城市旅游品牌活力的重要指标,因此本报告将"旅游收入占地区生产总值比重"纳入品牌活力指标体系中。相关数据来源于统计年鉴或统计公报。

2. 品牌吸引力

品牌吸引力是评价"上海旅游"品牌竞争力的基础。一般而言,评价目的地品牌吸引力从核心景点和外部环境等两个角度切入。核心景点方面,由于我国实施了旅游景区质量等级管理制度,其中 5A 级景区代表了当地最具吸引力的旅游资源,也是旅游吸引力的最直接体现,因此将"5A级景区数"纳入评价指标体系中。外部环境方面,本报告构建的指标体系借鉴 Verbeke(1985)的研究,选取了自然环境条件(空气质量优良天数)和消费环境(CPI)两个指标。相关数据通过统计年鉴或统计公报获取。

3. 品牌潜力

潜力反映了一个主体在受到刺激因素后,一段时间内可以发挥的作用力,也是可持续发展的能力。"上海旅游"品牌潜力反映了上海旅游业在未来的后续增长能力,其目标是最终转化为现实的竞争力。本报告主要从以下几个方面衡量"上海旅游"品牌潜力。航空、铁路等基础设施的数量与质量,这是旅游发展的重要支撑和依托,采用了铁路客运量和机场旅客吞吐量。国际化程度是城市发展潜力的最具代表性的体现,国际航班通达数是衡量城市国际化程度的典型指标,因此纳入了指标体系中。一般而言,与其他国家和地区国际航班通达数越多,代表该城市国际化程度越高,入境旅游发展潜力越大。此外,旅游收入增长率和旅游人次增长率是衡量该行业是否持续发展的最直接表现,也是推算今后发展潜力的重要依据(王兆峰,2008),因此纳入了衡量"上海旅游"品牌潜力指标体系中。

（五）品牌忠诚

目的地品牌忠诚是游客对某一目的地品牌的偏爱,表现在对未来一段时间内对该目的地的持续关注、重复游玩和推荐等。满意是品牌忠诚的前提,只有游客游玩后产生了"满意"的感受,才可能向"忠诚"转移(Oliver,1999)。基于此,本报告从满意度和忠诚度两个方面衡量游客对"上海旅游"的品牌忠诚。其中满意度用持续关注度和认同度来衡量,忠诚度采用经典的重游、推荐他人和溢价游玩 3 个题项(沈鹏熠,2012),通过市场问卷调查获取相关数据。

第四节　数据处理与评价模型

一、数据处理

本报告所有客观指标口径概念均与国家统计局制定的城市基本情况统计制度保持一致,以保证评价结果的客观公正性。主观问卷调查数据采用李克特五级量表。按照评价指导思想与评价原则要求,所有指标分为两类:一是正向指标,即指标数据越大,评价结果越好;二是负向指标,即指标的数值与评价结果成反向影响关系,指标数值越大,评价结果就越差。本报告中的负向指标主要包括负面新闻报道、负面口碑(如电话12345 市民服务热线投诉量)和 CPI 等。

二、标准化处理方法

本报告按照相关要求对所有数据进行标准化处理。问卷数据、年鉴数据和第三方平台数据等不同类型数据分别采用以下方法进行具体处理。

第一类指标的标准化处理。本报告问卷调查数据根据李克特五级量表获取,采用该指标所有调查对象的平均得分作为评价结果,见式(2-1)。

$$\bar{X} = \frac{x_1 + x_2 + x_3 + \cdots + x_n}{n} \tag{2-1}$$

其中 n 为有效样本总数。然后计算问卷调查类指标的均值 $\bar{X}$、$X_{\min}$ 和 $X_{\max}$,并作为其他类型指标标准化的参考值。

负面口碑(如电话 12345 投诉量)指标,通过获取上海近五年(2017 至 2021)每年的电话投诉量,分别记为 x'_{2017}、x'_{2018}、x'_{2019}、x'_{2020} 和 x'_{2021}。 其中五年中投诉量最大值、最小值分别记为 $x'_{\max}$ 和 $x'_{\min}$。 参考问卷调查结果,投诉量的最大值和最小值分别赋值为 $X_{\max}$ 和 $X_{\min}$,上海第 i 年度负面口碑标准化值,见式(2-2),其中 $i = 2017$,2018,2019,2020,2021。

$$X = X_{\min} + \frac{X_{\max} - X_{\min}}{x'_{\max} - x'_{\min}} \times (x'_i - x'_{\min}) \tag{2-2}$$

第二类指标的标准化处理。本部分相关指标的标准化处理是通过上海、北京、广州和深圳四个国内一线城市对比,确定"上海旅游"品牌相关指标所代表的水平。上海、北京、广州、深圳 4 座城市某一指标分别为 $x'_{上海}$、$x'_{广州}$、$x'_{北京}$ 和 $x'_{深圳}$,4 座城市该指标的最大值、最小值分别记为 $x'_{\max}$ 和 $x'_{\min}$。 参考问卷调查结果,x' 的最大值和最小值分别赋值为 $X_{\max}$ 和 $X_{\min}$,上海在该项指标上的标准化值,见式(2-3),其中 i 分别为上海,广州,北京和上海。

$$X = X_{\min} + \frac{X_{\max} - X_{\min}}{x'_{\max} - x'_{\min}} \times (x'_i - x'_{\min}) \qquad (2-3)$$

负向指标标准化处理方法为

$$X = X_{\max} - \frac{X_{\max} - X_{\min}}{x'_{\max} - x'_{\min}} \times (x'_i - x'_{\min}) \qquad (2-4)$$

需要注意的是,这类指标主要来自年鉴、微博或抖音等渠道的二手数据,在标准化过程中通过与北京、广州和深圳等其他一线城市的对比确定上海所处的水平,进而借鉴问卷调查类指标的最大值、最小值确定具体的标准化值。

总之,经过上述标准化方法处理,使得原先不同单位、不同来源的各指标具有了可比性,为下一步开展的"上海旅游"品牌发展指数评价奠定了基础。

三、指标赋权方法

在以往评价模型中,计算权重通常采用的方法有主观判断法和客观判断法。主观判断法一般采用专家打分确定各指标的权重。具体方法为邀请相关专家对每个指标在评价模型中的重要性进行打分,然后通过数学分析实现定性到定量的转化,进而确定各指标在评价模型中的具体权重。主观判断法具有决策效率高、且非常容易操作的优势,但也存在着主观性太强、客观性不够等缺点。主要原因在于其对先验理论有很强的依赖性,受访专家往往受到某种先验理论或对某种事物、行为的既定事实影响,从而降低了综合评价分析的科学性。客观分析法是直接利用各项数据包含的信息,从而通过数据本身的规律确定权重的大小,其特点是客观性强,但没有考虑决策者的主观意向,确定的权重可能与人们的主观期望或实际情况不一致。

在实际研究中,一方面,如选取地铁客运量、世界遗产数等指标,有些城市有,有些则没有,在研究样本间就可能存在较大差异,因此利用熵值法或差异驱动等客观赋权法来确定这类指标的权重往往会很大;另一方面,诸如恩格尔系数、消费价格指数等指标在样本之间差距不是很大,通过客观赋权法测算出的权重往往又不高,但是这些指标在评价体系中却很重要。上述现象表明,采用客观赋权法测算出来的指标权重彼此之间往往差距过大,以至于可能形成几十倍的差距,进而在一定程度上无法准确反应相关指标在评价体系中的科学地位。当然通过文献梳理也能够发现,相关研究报告在对单个研究对象进行评价时,多采用问卷调查法各题项的得分均值作为评价结果。

本报告结合"上海旅游"品牌建设与发展的实际情况,借鉴品牌资产和目的地竞争力理论,构建了客观数据和主观问卷调查数据相结合的评价指标体系。由于数据结构和评价对象不适合采用客观赋权法确定指标权重,因此为了尽量让数据本身决定评价结果,本报告采用平均赋权法,即通过指标标准化数值的结果大小体现对评价模型的作用。

四、综合评价模型

由于评价模型指标过多,需要通过变量集聚来简化"上海旅游"品牌评价指标体系(Shanghai Tourism Brand,简称 STB),即指数大小不仅取决于独立变量的作用,而且也取决于各变量之间形成的集聚效应。品牌传播(Brand Communication,简称 BC)、品牌形象(Brand Image,简称 BI)、品牌质量(Brand Quality,简称 BQ)、品牌竞争力(Brand Competitiveness,简称 BCO)和品牌忠诚(Brand Loyalty,简称 BL)组成的评价模型为

$$STB = aBC_j + bBI_j + cBQ_j + dBCO_j + eBL_j \qquad (2-5)$$

式中,a、b、c、d、e分别表示品牌传播、品牌形象、品牌质量、品牌竞争力和品牌忠诚的偏弹性系数,强调了"上海旅游"品牌各指标协调发展的重要性。

五、数据获取

本报告以"上海旅游"品牌为评价对象。通过构建综合评价模型,对"上海旅游"品牌的建设与发展状况进行研究与评判。研究报告数据由两部分组成,一部分是通过市场调研获得的有关游客的主观调研数据,另一部分是通过查阅相关年鉴、统计公报等获得客观数据。此外,客观数据还包括部分来自网络数据和第三方平台数据等。数据来源的具体渠道和获取方法如下。

（一）问卷调查

本报告借鉴 Boo 等(2009)和夏媛媛(2017)关于旅游目的地品牌资产评价量表、徐尤龙(2015)关于旅游目的地口号和 Logo 评价问卷测度量表,结合实际工作要求,设计了"上海旅游"品牌游客感知调查问卷。调查问卷主要包括以下几部分内容:一是品牌口号、Logo 和宣传片等品牌要素;二是市容环境、人文环境和居民友善度等城市形象要素;三是品牌认同、品牌联想和品牌共鸣等旅游形象要素;四是配套设施和标识系统等基础设施质量,以及服务特色、技巧和态度等服务质量等要素;五是游客的关注度、满意度、重游和重购等忠诚行为和态度等要素,共计 23 个指标。

本次问卷的调研对象是三年内到访过上海的外地游客。本报告共发放问卷 1 050 份,回收有效问卷 1 039 份。问卷发放区域分为两大部分,一部分是长三角地区的苏浙皖三省,约占问卷总数的 60％左右;另一部分是国内其他省市,约占问卷总数的 40％左右。具体构成:长三角地区合计626 份,其中江苏省 210 份、浙江省 205 份和安徽省 211 份;国内其他省市

413 份。问卷在区域构成上的发放比例大致与上海国内客源市场的分布结构与空间特征相吻合,因而能够在一定程度上从区域空间的角度较好地反映国内游客对"上海旅游"品牌的真实评价。

（二）年鉴和公报数据

一般来说,年鉴和统计公报是我国现阶段最为权威的客观数据来源之一。在构建"上海旅游"品牌评价指标体系时,课题组选取了体现上海旅游品牌活力、吸引力和潜在力的代表性指标。主要包括旅游收入、旅游人次、客房平均出租率、客房平均价格、旅游收入占地区生产总值比重、5A级景区数、空气质量优良天数、CPI、机场旅客吞吐量、铁路客运量、国际航班通达数、旅游收入增长率和旅游人次增长率等 13 个指标。上述数据主要来源于 2022 年《中国文化和旅游统计年鉴》《上海统计年鉴》《上海市文化和旅游统计年鉴》等。由于在设置这些指标的过程中,考虑到可以在一定范围内与国内北京、广州和深圳等重要的旅游城市进行比较,所以部分数据的采集来自《北京统计年鉴》《广州统计年鉴》《深圳统计年鉴》及上海、北京、广州、深圳统计公报。

（三）第三方平台数据

百度、谷歌、微博和抖音等第三方平台相关数据是反映"上海旅游"品牌传播范围和影响力的重要渠道。本报告主要采用了上海、北京、广州、深圳等城市的百度指数,微博和抖音等平台上"乐游上海""文旅北京""i游深圳"等政府旅游推广账号的粉丝数、原创发文（视频）数、点赞数、转发次数等数据,谷歌平台上"Shanghai＋travel""Beijing＋travel""Peking＋travel""Guangzhou＋travel"和"Shenzhen＋travel"等搜索量,慧科搜索数据库上"上海＋旅游""北京＋旅游""广州＋旅游"和"深圳＋旅游"正面新闻报道数和负面新闻报道数等。其他还包括近五年电话 12345 市民服务热线旅游投诉数量、GaWC 全球城市分级排名、全球金融中心指数和世界城市 500 强排名等,共计 9 个指标。

参考文献:

［1］Baloglu S. Image variations of Turkey by familiarity index：Informational and experiential dimension［J］. Tourism Management，2001(22)：127 - 133.

［2］Bora D B，Mathilda V N，Jeffrey W，et al. Re-conceptualizing customer-based destination brand equity［J］. Journal of Destination Marketing & Management，2018(11)：211 - 230.

［3］Boo S，Busser J，Baloglu S. A model of customer-based brand equity and its application to multiple Destinations［J］. Tourism Management，2009，30(2)：219 - 231.

［4］Kim S H，Han H S，Holland S，et al. Structural relationships among involvement，destination brand equity，satisfaction and destination visit intentions：The case of Japanese outbound travelers［J］. Journal of Vacation Marketing，2009，15(4)：349 - 365.

［5］Ruzzier M K. Customer-Based Brand Equity for a Destination［J］. Social Science Electronic Publishing，2013，20(1)：189 - 200.

［6］Zeithaml V A. Consumer perception of price，quality & value：a means-end model & synthesis of evidence［J］. Journal of Marketing，1998，52(3)：2 - 22.

［7］丁志伟,马芳芳,张改素.基于抖音粉丝量的中国城市网络关注度空间差异及其影响因素［J］.地理研究,2022,41(9)：2548 - 2567.

［8］邹统钎,黄鑫,韩全,等.旅游目的地品牌基因选择的三力模型构建［J］.人文地理,2021,36(6)：147 - 156.

［9］朱金悦,李振环,杨珊,等.网络负面口碑对游客感知与旅游意向的影响——专业知识的调节作用［J］.华侨大学学报(哲学社会科学版).2021(2)：51 - 64.

［10］夏媛媛.基于游客视角的景区品牌资产模型构建［D］.南昌：江西师范大学,2017.

[11] 苑炳慧,辜应康.基于顾客的旅游目的地品牌资产结构维度——扎根理论的探索性研究[J].旅游学刊,2015,30(11):87-98.

[12] 徐尤龙,钟晖,田里.基于 IPA 法的旅游目的地形象测量与问题诊断——以昆明市为例[J].北京第二外国语学院学报,2015,37(7):64-69.

[13] 黄先开,张丽峰,丁于思.百度指数与旅游景区游客量的关系及预测研究——以北京故宫为例[J].旅游学刊,2013,28(11):93-100.

[14] 沈鹏熠.旅游企业社会责任对目的地形象及游客忠诚的影响研究[J].旅游学刊,2012,27(2):72-79.

[15] 李雪鹏.城市旅游竞争力的指标体系构建及评价研究[D].大连:辽宁师范大学,2010.

[16] 王兆峰,杨卫书.基于演化理论的旅游产业结构升级优化研究[J].社会科学家,2008(10):91-95.

[17] 马聪玲,倪鹏飞.城市旅游品牌:概念界定及评价体系[J].财贸经济,2008(9):124-127.

[18] 周玫.基于顾客忠诚的品牌竞争力评价分析[J].当代财经,2005(9):74-76.

[19] 苏伟忠,杨英宝,顾朝林.城市旅游竞争力评价初探[J].旅游学刊,2003(3):39-42.

[20] 李树民,支喻,邵金萍.论旅游地品牌概念的确立及设计构建[J].西北大学学报(哲学社会科学版),2002(3):35-38.

第三章 "上海旅游"品牌指数分析

第一节 指 数 分 析

一、综合指数

（一）综合评价指数

根据对品牌传播、品牌形象、品牌质量、品牌竞争力和品牌忠诚等5个维度、合计45个指标相关数据的梳理与统计,得出了"上海旅游"品牌发展指数的最终结果,综合值为79.88分(满分100分)。45个指标的得分值[①]见图3-1。

（二）指数等级

为了更加直观地显示"上海旅游"品牌指数的发展等级,本报告采用百分制等级划分法进行分类,共分为以下5个等级。第一等级为"好"(80—100分),第二等级为"较好"(60—79分),第三等级为"一般"(40—59分),第四等级为"较低"(20—39分),第五等级为"低"(1—19分)。据此,2022年"上海旅游"品牌发展指数(79.88分)处于"较好"水平的上限,非常接近"好"

[①] 根据本报告的测度模型和统计方法,每一个具体指标的满分值为$\frac{100}{45}$分,综合指数值为45个指标的分值总和,合计为100分。

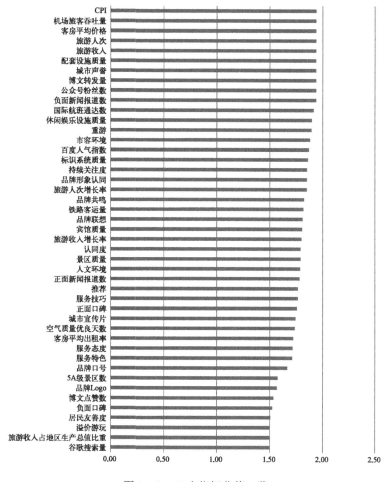

图 3-1　45 个指标分值一览

（80 分）的等级。特别需要指出的是，这是在受到疫情反复冲击和干扰的前提下所达到的发展水平，尤为难得。可以预计，在前期发展的基础上，通过后期努力完善，"上海旅游"品牌必将在不远的将来达到更优的发展层次。

二、分类指数

（一）五个维度分类指数

通过进一步分析五个一级指标的分值，既可以判断各个维度自身发展的现状,又能够明确各个维度指标在"上海旅游"品牌发展中所处的位置。每个维度分类指数值为该维度所有三级指标分值计算的总和;各维度分类指标分值越高,该维度对"上海旅游"品牌发展指数贡献越大。统计数据显示,各维度分类指数值在综合指数中的占比如下。品牌竞争力维度得分 23.19,在综合指数中占比 29.03%;品牌传播维度得分 17.72,在综合指数中占比 22.18%;品牌形象维度得分 15.65,在综合指数中占比 19.60%;品牌质量维度得分 14.51,在综合指数中占比 18.16%;品牌忠诚维度得分为 8.81,在综合指数中占比 11.03%,见图 3-2。

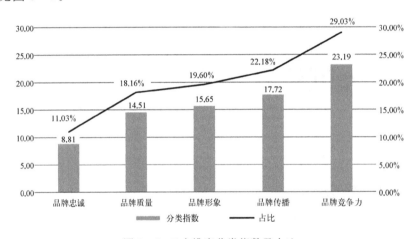

图 3-2 5 个维度分类指数及占比

(二)主客观分类指数

从指标来源看,"上海旅游"品牌发展指数评价指标体系包括主观和客观两种类型的指标。主观指标数量为 23 个,客观指标数量为 22 个,合计为 45 个。通过计算可以得到如下结果,主观指标指数值为 40.72,在综合指数中的占比为 50.98%;客观指标指数值为 39.16,在综合指数中的占比为 49.02%。由此可见,主观类指标和客观类指标两者的指数值比较接近,分布相对均衡。

第二节 指 标 分 析

一、指标权重与指标得分率

（一）指标权重

"上海旅游"品牌评价体系由品牌传播、品牌形象、品牌质量、品牌竞争力和品牌忠诚五个一级指标构成。经过综合测算得知，"上海旅游"品牌总体上处于"较好"的发展水平。当然就每一个维度指标的权重而言，彼此之间存在一定的差异性。维度指标权重越高，表明该维度指数在"上海旅游"品牌发展中发挥的作用越重要，影响也越大；反之，则显示该维度指数的重要性和影响力相对较弱。

一级指标的权重为其所包含的所有三级指标权重之和，即该一级指标所含三级指标数与评价体系指标总数的比值。从"上海旅游"品牌评价指数的 5 个一级指标的权重看，品牌竞争力指标权重最高（28.89%），其后依次为品牌传播（22.22%）、品牌形象（20.00%）、品牌质量（17.78%）和品牌忠诚（11.11%）。显而易见，品牌竞争力最能体现"上海旅游"品牌的发展水平，是打响"上海旅游"品牌的关键。与此同时，品牌忠诚的权重相对较低，对"上海旅游"品牌发展质量评价所起的作用也相对较小。但是在"上海旅游"品牌实际发展过程中，如何提高游客满意度和认可度，培育忠诚的游客群体，却是今后"上海旅游"品牌建设不可轻视的重要环节（见表 3-1）。

（二）指标得分率

1. 总体得分率

为了便于分析，我们将每一个指标的原始分值，转换成指标的得分

表 3-1 指 标 权 重

排　名	维　度	权重/%
1	品牌竞争力	28.89
2	品牌传播	22.22
3	品牌形象	20.00
4	品牌质量	17.78
5	品牌忠诚	11.11
合　计	—	100

率。所谓指标得分率,是指该指标的分值与其理论满分值的比值。采用指标得分率的方法,可以比较直观地反映该指标发展的充分程度。通过转换,关于"上海旅游"品牌每一个评价指标的得分率一目了然,有助于科学把握"上海旅游"品牌发展水平的基本现状与基本特征。从指标得分率数据统计看,在 45 个指标中得分率最高值是 87.20%,最低值是 67.60%,均值是 79.88%,见图 3-3。

从图 3-3 可以发现,在 45 个指标中,指标得分率大于均值的指标有 27 个,约占指标总数的 60.00%;低于均值的有 18 个指标,约占 40.00%。其中航空旅客吞吐量、客房平均价格、旅游人次、旅游收入、配套设施质量、城市声誉、博文转发量、社交媒体粉丝数和负面新闻报道数等 10 个指标得分率获得 87.20% 的最高分值,并列第一;而溢价游玩、旅游收入占地区生产总值比重和谷歌搜索量等 3 个指标得分率得到 67.60% 的最低值,居于末位。

2. 五个维度指标得分率

所谓分类指标得分率,是指该维度指标分值(分类指数)与其理论满

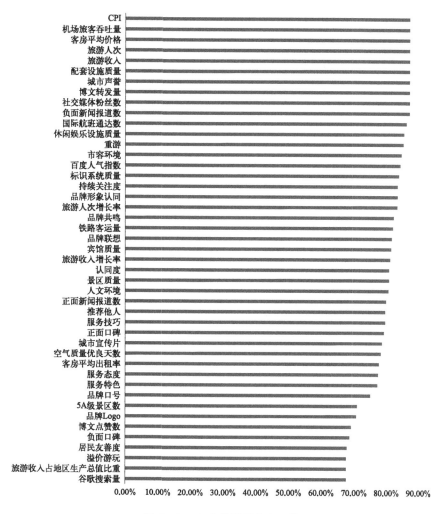

图 3-3 45 个指标得分率一览

分值的比值,反映了该维度发展的充分程度。从"上海旅游"品牌五个维度评价的具体得分率来看,品牌质量维度得分率最高,为 81.59%,位居第一,从一个侧面反映了上海旅游要素的配备比较均衡、旅游基础设施的建设比较完善,因此游客对上海旅游服务整体质量的评价相对较高。第二至第五位,依次是品牌竞争力(得分率 80.26%)、品牌传播(得分率79.74%)、品牌忠诚(得分率 79.33%)、品牌形象(得分率78.27％)。尽管五个维度之间的得分率相差并不是很大,但是上海旅游品牌形象指标排名第五位,说明构成品牌形象的相关指标已经成为制约"上海旅游"品牌发展水平提升的短板,需要引起足够的重视[1],见图3-4。

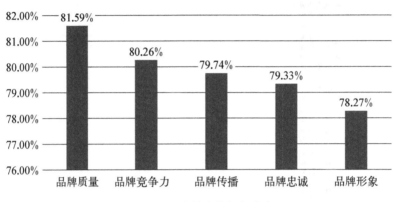

图3-4　5个维度指标得分率

3. 主客观分类指标得分率

从指标构成的属性看,本报告的评价体系由主观和客观两部分指标组成。其中,主观指标 23 个,客观指标 22 个,合计 45 个。

主观指标共有 23 个,指标平均得分率为 79.70％。其中,有 13 个指标得分率高于均值,有 10 个指标得分率低于均值,见图3-5。

从具体指标来看,游客对配套设施质量、休闲娱乐设施质量、市容环境和标识系统质量评价较高,分别排名第 1、2、4 和 5 位,反映了上海旅游配套设施和旅游环境的优势。此外,外地游客对上海旅游整体满意度较高,体现在重游意愿和持续关注度排名较为靠前,分列第 3 和 6 位。在游客的问卷反馈信息中,也能发现"上海旅游"品牌建设的薄弱点,如游客认

---

① 苑炳慧等(2016)通过在上海浦东国际机场、虹桥机场、虹桥火车站对候机(车)的乘客随机发放问卷,对上海旅游目的地品牌资产的品牌形象、品牌质量、品牌忠诚等维度进行调研,发现品牌质量在各维度中排名最高,与本报告结论相似。

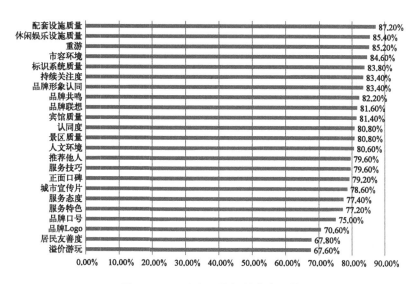

图 3-5 23 个主观指标得分率一览

为价格偏高,溢价游玩意愿不强,相关指标排在最后一名;城市人文关怀不够,居民友善度需要进一步提升等。

客观指标共有 22 个,指标平均得分率为 8.07%指标得分率如图 3-6 所示。从指标得分率看,有 14 个指标得分率高于均值,有 8 个指标得分率低于均值。具体指标来看,上海在机场旅客吞吐量、旅游人次、旅游收入、城市声誉等方面表现较好,体现了上海旅游产业的体量较大,整体发展情况良好。值得警惕的是,上海旅游在谷歌搜索量、旅游收入占地区生产总值比重和负面口碑等方面表现一般,需要在今后的品牌政策制定和营销活动开展中予以重点关注,并进行完善。

通过对比主客观不同属性指标得分率情况可以发现:第一,客观指标平均得分和平均得分率分别为 1.78、80.96%,略高于主观指标的 1.77、79.70%。第二,客观指标的得分值中位数为 1.84 分、得分率中位数为 82.63%,主观指标得分值、得分率中位数分别为 1.80、80.80%,客观指标表现较好。第三,主观指标得分在 45 个指标总体均值(1.78)以上的分别

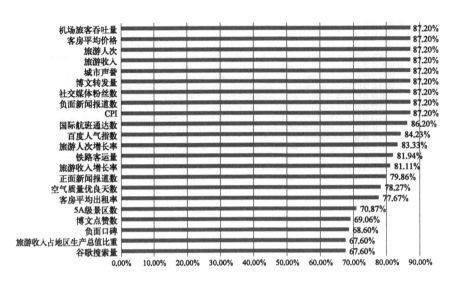

图3-6　22个客观指标得分率一览

为 13 个和 14 个,而客观指标得分率超过 45 个指标总体得分率均值
(79.88%)的有 12 个,比主观指标多 2 个,见表 3-2。

表 3-2　主客观指标比较表

指标类型	数量(个)	平均得分	得分率均值/%	得分中位数	得分率中位数/%	得分均值以上个数	得分率中位数以上个数
主观指标	23	1.77	79.70	1.80	80.80	13	10
客观指标	22	1.78	80.96	1.84	82.63	14	12
合计	45	/	/	/	/	27	22

综上所述,"上海旅游"品牌客观指标得分率在总体上略优于主观指标,但是主客观指标得分率大体上非常接近,有力说明"上海旅游"品牌不仅在实际发展中取得了比较好的成效,而且在受访者的市场感知中得到

了比较好的反馈,进一步印证了"上海旅游"品牌发展正处于稳步推进、主客观条件互动促进的可持续发展状态中。

二、评价指标分析

进一步分析5个一级指标下面的二级指标和三级指标,总结发展现状的优势,找出存在的短板和不足,为进一步打响"上海旅游"品牌行动指明方向。

(一)品牌传播指标

所谓品牌传播,是指旅游目的地以品牌的核心价值为原则,在品牌识别的整体框架下,通过各种传播方式,将品牌推广出去。在本报告中,"品牌传播"一级指标包括媒体传播度、关注度和品牌口碑3个二级指标。其中,媒体传播度包括百度人气指数、谷歌搜索量、正面新闻报道数、负面新闻报道数4个三级指标;关注度包括社交媒体粉丝数、博文点赞数、博文转发量3个三级指标;品牌口碑包括正面口碑、负面口碑、城市声誉3个三级指标。该维度指标合计有10个,主要反映"上海旅游"品牌的媒体传播反响度、社会公众认知度和品牌口碑塑造度三方面内容。10个指标的得分率如图3-7所示。

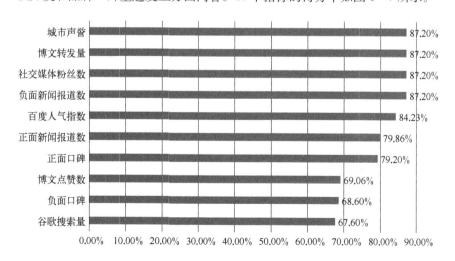

图3-7 品牌传播三级指标得分率

从图 3-7 可以发现,"上海旅游"品牌传播指标得分率的中位数为 81.40%,在品牌传播维度 10 个指标中,有 5 个指标得分率在中位数以上,有 5 个指标得分率低于中位数,各占总数的 50%。其中,"上海旅游"品牌传播在城市声誉、博文转发量、社交媒体粉丝数(微博+抖音)和负面新闻报道数(负向指标)等 4 个指标的表现比较突出,得分率均为 87.20%,并列第一。

从媒体传播度包含的百度人气指数、谷歌搜索量、正面新闻报道数、负面新闻报道数 4 个指标看,负面新闻报道数和百度人气指数两个指标的得分率都在中位数以上,而正面新闻报道数与谷歌搜索量都位于中位数以下。其中负面新闻报道数指标得分率最高,从一个侧面说明,影响上海城市形象的负面新闻报道数量较低,对城市产生的负面影响程度较弱。

值得注意的是,在媒体传播部分谷歌搜索量指标得分率仅为 67.60%,在该维度中排名末位,也是此次评价体系中指标得分率最低的指标。谷歌作为全球最重要的搜索引擎,通过计算谷歌中的搜索量,大致可以在一定程度上判断一个城市在国际市场上的品牌传播的热度。谷歌搜索量指标得分率较低,从一个侧面折射出"上海旅游"品牌在国际旅游市场中的营销效果存在弱化现象,导致品牌话语权受到一定制约。

从品牌传播维度中的媒体传播度和关注度两方面评价指标的得分率交互分析看,一方面,针对"上海+旅游"的百度人气指数指标的得分率为 84.23%,意味着"上海旅游"品牌在国内旅游市场的传播效果较好;另一方面,针对"Shanghai+travel"的谷歌搜索量指标的得分率为 67.60%,深刻表明"上海旅游"品牌在全球旅游市场上的关注度与传播度较弱。因此,通过对百度人气指数与谷歌搜索量两个指标得分率的比较,大致可以反映"上海旅游"品牌传播在国内外市场上所呈现出的不均衡现象,即国内较强,国际较弱。显而易见,在品牌传播维度中体现国内外两个市场比较视野的指标得分率存在明显差异,揭示出"上海旅游"品牌在全球市场传播与推广中存在非常清晰的现实短板,这是现阶段的一个基本特征,需要引起有关部门的高度重视。

从品牌关注度包含的社交媒体粉丝数、博文转发量和博文点赞数 3 个指标看,社交媒体粉丝数和博文转发量两个指标的得分率最高,为 87.20%,而博文点赞数却仅有 69.06%,两者反差极为明显。所谓博文点赞数,是目前比较公认的衡量一个社交媒体发布或转发有关"上海旅游"内容的博文在网络上获得宣传推广效果的一个标尺。博文点赞数越多,就表示该社交媒体所发布的内容越受欢迎,也说明公众对"上海旅游"品牌的关注度越高,对上海城市旅游产生的兴趣点和信任度也越高;反之,则相对较弱。上述指标得分率之间的反差暴露出"上海旅游"品牌传播中存在的一个博文发文数及转发量与点赞数脱节的问题。透过这一问题的表象进行仔细窥察,发现"上海旅游"品牌在网络平台传播中存在内容与质量脱节的深层次问题。如何在相关平台进行"上海旅游"品牌博文推送的同时,进一步丰富博文的内涵、提升博文的质量、发挥博文的魅力,有效提高博文的点赞数,使"上海旅游"品牌传播在网络世界里"大展身手",真正体现品牌传播的倍增效应,是一个亟待解决的棘手难题。

从品牌口碑包含的正面口碑、负面口碑、城市声誉 3 个指标看,城市声誉指标的得分率最高,为 87.20%,而正面口碑和负面口碑两个指标的得分率都位于中位数以下。必须指出的是,城市声誉这一指标主要是从国际市场竞争角度考察上海城市软硬环境的综合性指标。指标由以下三个方面的评价内容组成,一是上海在 GaWC("Globalization and World

Cities"的缩写)全球城市中的排名;二是上海在全球金融中心指数中的排名;三是上海在世界城市 500 强中的排名。

从城市声誉指标的评价内容构成看,具有以下两个显著特点。一是数据的权威性。该指标含有的三个方面的数据,无一不是来自当今国际上公认的权威机构发布的研究报告;二是数据的多元性。该指标包括的三个方面的评价数据,反映了上海在国际市场三个侧面的认可度,以及上海在每一个方面的现实显示度。所以说从城市声誉指标的得分率角度,可以比较客观和清晰地判定上海在当今全球对标市场中所处的基本地位,以及上海城市声誉在国际标准视野里所能够达到的基本程度。

从品牌传播维度指标的得分率以及相关比较分析中可知,"上海旅游"品牌传播维度存在一定的负面危机感,需要进一步制定针对性的完善策略,以防止品牌传播的薄弱环节对"上海旅游"品牌传播的整体性拖累和负面性制约出现。

(二)品牌形象指标

所谓品牌形象,是指旅游目的地品牌在市场上,或在游客心中所表现出的个性特征。它体现的是社会公众,特别是外来游客对品牌形象的评价与认知。本报告中的上海旅游品牌形象一级指标中,包含品牌要素、城市形象和旅游形象 3 个二级指标。其中,品牌要素包含品牌口号、品牌 Logo、城市宣传片 3 个三级指标;城市形象包含市容环境、人文环境、居民友善度 3 个三级指标;旅游形象包含品牌形象认同、品牌联想、品牌共鸣 3 个三级指标。该维度指标合计有 9 个,主要反映"上海旅游"品牌的形象要素集合体、城市发展适配度、游客心理图示等方面的内容,数据主要通过 1 039 份市场问卷获取。9 个指标的得分率如图 3-8 所示。

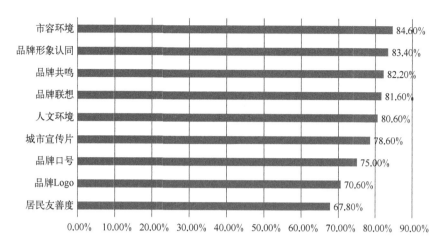

图 3 - 8　品牌形象三级指标得分率

由图 3 - 8 可以发现,根据指标得分率中位数 81.40% 的标准,在品牌形象维度 9 个指标中,有 4 个指标得分率在中位数以上,约占维度指标数的 44.44%;有 5 个指标得分率低于中位数,约占 55.56%。其中,市容环境指标表现最为突出,得分率为 84.60%,名列品牌形象维度指标第一位。

从品牌要素包含的品牌口号、品牌 Logo、城市宣传片 3 个指标看,整体的得分率相对偏低,分别为 75.00%、70.60%、78.60%,都在中位数以下,在品牌形象维度中分列第六至第八位。从目前有关上海旅游市场品牌营销的实际情况看,尽管通过城市宣传片、品牌口号和品牌 Logo 等途径可以让部分游客在一定程度上了解,甚至记住"上海旅游"品牌的大致轮廓,或是碎片化的形象要素,然而却无法使游客真正铭记和理解"上海旅游"品牌形象的价值理念、核心要素、清晰特征和资源魅力。来自受访者的主观感受和亲身体验表明,"上海旅游"品牌形象距离深入人心的品牌营销的市场目标尚有明显差距。

从城市形象包含的市容环境、人文环境、居民友善度 3 个指标看,得分率依次为 84.60%、80.60%、67.80%。显然市容环境指标表现最为突出,而居民友善度则位列末位,得分率仅为67.80%。需要指出的是,虽然市容环境和居民友善度同属于品牌形象维度中的城市形象二级指标中的两个三级指标,然而指标的得分率却有着天壤之别,分属首末两端。

一般来讲,市容环境指标是城市形象的重要表征,也是"上海旅游"品牌形象的重要组成部分,还是亿万外来游客在上海从事旅游活动最直接的形象感受之一。多年来,上海环卫行业聚焦重要商圈、热点区域以及旅游景区,以点带面、联建共治,不断满足人民群众对高品质生活质量的需求,实现上海市容环境质量的整体提升,从而受到本地居民和外来游客的普遍认可。所谓居民友善度,是一种测量城市本地居民与外来游客之间人际关系水平的标准,包括本地居民与外来游客之间的友好和融洽关系、活动的参与度等。近年来,以"城市有温度"为导向,上海在完善城市友好度与居民友善度方面持续发力,逐渐加大建设力度,已经取得有目共睹的综合效应,并正在成为实现世界级旅游目的地发展目标不可或缺的组成部分。

此次研究发现,在"上海旅游"品牌形象维度中居民友善度指标的得分率相对较低。一方面,说明上海在提升居民友善度过程中存在薄弱环节,而这些薄弱环节恰恰折射出"上海旅游"品牌作为城市软实力重要组成部分还存在一些不尽如人意之处;另一方面,表明游客对上海应该具有更大的包容性、更强的亲和力、更高的友好度等城市形象特征表现出十分强烈的现实需求与急切渴望,正是由于这种现实需求与急切渴望的市场反馈,进而演化为游客对上海"城市有温度"的城市建设目标持有更高的要求。

概括起来看,在品牌形象维度指标中,代表形象维度的市容环境既看得见,又摸得着,体现上海的硬物质形象内容,得分率相对较高;而代表形象维度的居民友善度则需要游客用心感受,用情体验,用语沟通,体现上海的软物质形象内容,得分率却相对较低。品牌形象物质性指标与精神性指标之间发展的不平衡性,暴露出"上海旅游"品牌形象建设中存在的一些隐性问题需要进行深刻反思。

对于上海这个城市旅游目的地而言,居民友善度过低暗含着对外来游客造成精神软伤害的可能性。一般而言,这种精神软伤害大多由于语言蔑视、态度冷淡、神态歧视等因素引起。由于友善度过低产生的精神软伤害,通常看不见,甚至摸不着,然而对此软伤害,决不能等闲视之、漠然处之。因为在当今互联网时代,有许多事实已经证明,并将继续证明,由于旅游目的地居民较低的友善度给外来游客带来的精神软伤害事件,一旦处理不慎,极有可能在很短时间内,甚至是一瞬间,转变成对一个城市形象造成的全方位的硬伤害,由此带来的危害性程度及其综合性损失难以估量。因此,针对居民友善度指标得分率较低这一现象,应该精细梳理,采取相应手段与明确步骤进行弥补和完善,从而有助于真正实现上海旅游市场"近悦远来、主客共享"的发展目标。

从旅游形象包括的品牌形象认同、品牌共鸣、品牌联想 3 个指标看,得分率分别为 83.40%、82.20%和 81.60%,名列品牌形象维度指标的第二至第四位,整体表现比较突出,表明融合都市风光、都市文化和都市商业为一体的都市型旅游形象得到了亿万游客较高程度的认可与青睐,并在一定程度上产生了真实的情感共鸣与趋同的价值认同。

当然,也应该看到在品牌形象维度中 9 个指标的得分率分布并不均衡,可见以市场反馈为衡量标准,"上海旅游"品牌形象的市场辨识度还有进一步提升的空间。与此同时,构成品牌形象维度各个部分,以及各个指标之间的内在逻辑性与协调性也需要进一步优化。尤其是围绕品牌形象市场化推广的专业性、系统性和有效性各个环节,亟待全方位整合、全要素发力与全过程优化。

总之,在"上海旅游"品牌形象下一步的完善进程中,需要聚焦品牌形象目标受众的感受度,通过整合与提升,既要清晰凸显"上海旅游"品牌形象的核心理念,又要着力夯实受到市场广泛认可的品牌形象的物质要素,进而以"上海旅游"品牌形象为突破口,在城市宣传片、品牌口号和品牌Logo 的引导下,使游客形成前来上海旅游的心理期待,产生前来上海旅游的消费冲动,确立前来上海旅游的价值标尺。

(三)品牌质量指标

所谓品牌质量,是指使用该品牌的产品质量,主要反映该品牌产品的耐久性、可靠性、精确度、易于操作和便于维护等有价值的属性。基于此,本报告构建的"上海旅游"品牌发展指标体系中的一级指标品牌质量包含旅游要素质量、基础设施质量和旅游服务质量 3 个二级指标。其中,旅游要素质量包含景区质量、宾馆质量、休闲娱乐设施质量 3 个三级指标;基础设施质量包含配套设施质量、标识系统质量 2 个三级指标;旅游服务质量包含服务技巧、服务态度、服务特色等 3 个三级指标。该维度指标合计有 8 个,主要反映"上海旅游"品牌的实际质量、体验质量、无形质量等方面的内容,数据主要通过 1 039 份市场问卷获取。8 个指标的得分率如图 3-9 所示。

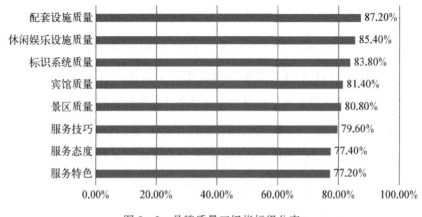

图 3-9 品牌质量三级指标得分率

由图 3-9 可以发现,根据指标得分率中位数 81.40% 的标准,在品牌质量维度 8 个指标中,中位数以上有 3 个,以下有 4 个。其中,关于配套设施质量指标的旅游市场反响最好,得分率为 87.20%,在品牌质量维度中排名第一位。

从旅游要素质量包含的景区质量、宾馆质量、休闲娱乐设施质量 3 个指标看,得分率依次为 80.80%、81.40%、85.40%。必须指出,休闲娱乐设施质量指标得分率明显高于宾馆质量和景区质量指标。这一品牌质量指标得分率的分布格局,在一定程度上表明,经过多年努力,上海在休闲娱乐设施建设方面,不仅在数量和规模上进入了新的发展阶段,形成了产业系统性、消费层次性、分布均衡性的市场发展特征,而且在休闲娱乐设施质量保障方面同样得到旅游客源市场比较充分的肯定。从另一个角度看,受访者对上海休闲娱乐设施质量的肯定与青睐,折射出文化旅游市场发展正在酝酿一种新趋势,也即对游客来讲,在上海从事旅游活动,除了传统的宾馆住宿和景区活动外,休闲娱乐设施事实上已经成为游客重要的第三活动空间。值得欣慰的是,高质量的休闲娱乐设施一跃而成为体现上海旅游要素质量的代表性指标,成为后疫情时代上海文化和旅游新消费业态的物质载体。从上海发展的现状看,休闲娱乐场所不仅丰富了城市文化旅游活动的空间形态,而且为全域旅游向全域休闲转变奠定了物质服务基础。

从基础设施质量包含的配套设施质量、标识系统质量两个指标看,得分率依次为 87.20% 和 83.80%,说明旅游市场对于上海基础设施质量指标的评价比较高。

这里的配套设施主要是指为外来游客在本地区从事旅游活动提供的各种直接与间接的服务设施,包括旅游接待设施(酒店、饭店和停车场等)、旅游购物设施、旅游娱乐设施、交通、商业服务、园林绿化、环境保护、医疗救护设施、邮电等市政公用工程设施和公共生活服务设施等。显然各种基础配套设施为亿万游客在上海顺利开展各种形式的旅游活动奠定了扎实基础。受访者对上海基础设施质量给予较高的评价,有力地证明近年来上海对标国际一流水准,着力提升城市基础设施建设质量的发展目标已经取得长足进步和积极成效,进而为"上海旅游"品牌质量的全面提升夯实发展的物质基础。

从旅游服务质量包含的服务技巧、服务态度、服务特色等 3 个指标看,整体上得分率相对较低,分别是 79.60%、77.40%、77.20%,均在中位数以下,在品牌质量维度中排名倒数三位。一般认为,旅游服务质量是旅游企业服务特性和特征的总和。外来游客到访上海以后,在具体的旅游活动过程中,通过比较预期勾勒的服务质量与实际体验的服务质量之间的异同,形成对旅游服务质量的总体心理感知,进而产生对旅游服务质量的基本价值判断。显然受访者对"上海旅游"品牌旅游服务质量整体市场感知较弱,价值评价较低,击中了"上海旅游"品牌服务质量的软肋。

如果说旅游要素质量、基础设施质量是组成品牌质量的硬服务质量部分,那么旅游服务质量则是构成品牌质量的软服务质量部分。从旅游市场的调查反馈来看,"上海旅游"品牌质量的硬服务质量部分相对较"硬",而软服务质量部分则相对较"软"。硬服务质量较硬与软服务质量较软之间存在的反差,显示"上海旅游"品牌质量建设存在着比较严重的"硬软失衡"的发展缺陷。提升上海旅游软服务质量,无疑将成为"上海旅游"品牌质量建设中的重中之重。

(四)品牌竞争力指标

所谓旅游目的地品牌竞争力,主要是指旅游目的地在品牌发展和竞争过程中,旅游者和旅游目的地居民能明确感知到的、旅游目的地旅游企业所表现出的品牌形态同其他旅游目的地相比较,具有创造财富和价值收益的能力(吴开军,2016)。基于此,本报告构建的"上海旅游"品牌发展指标体系中的品牌竞争力一级指标包含品牌活力、品牌吸引力和品牌潜力 3 个二级指标。其中,品牌活力部分包含旅游收入、旅游人次、客房平均出租率、客房平均价格、旅游收入占地区生产总值比重 5 个三级指标;品牌吸引力部分包含 5A 级景区数、空气质量优良天数、CPI 3 个三级指标;品牌潜力部分包含机场旅客吞吐量、铁路客运量、国际航班通达数、旅游人次增长率、旅游收入增长率 5 个三级指标。该维度指标合计有 13 个,主要反映"上海旅游"品牌的核心竞争力、辐射竞争力、潜在竞争力的现实状态。13 个指标的得分率如图 3 - 10 所示。

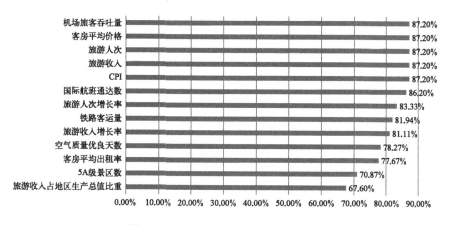

图 3 - 10 品牌竞争力三级指标得分率

由图 3 - 10 可以发现,以"上海旅游"品牌评价指标得分率的中位数 81.40% 为标准,在该维度的 13 个指标中,得分率在中位数以上的指标有 8 个,约占维度指标总数的 61.54%;低于中位数的指标有 5 个,约占 38.46%。其中,机场旅客吞吐量、客房平均价格、旅游人次、旅游收入、CPI 等 5 个指标的得分率均为 87.20%,并列品牌竞争力维度第一名。由此可以发现,该维度的得分率不仅普遍较高,而且有 5 个指标得分率获得最高值,占 10 个最高得分率指标数的 50.00%。与此同时,该维度有 1 个指标的得分率为 67.60%,约占 3 个最低得分率指标数的 33.33%。显而易见,品牌竞争力维度发展不均衡性特征也非常明显。

从品牌活力包含的旅游收入、旅游人次、客房平均出租率、客房平均价格、旅游收入占地区生产总值比重 5 个指标看,得分率的分布很不均衡,且首末指标得分率差距悬殊。一方面,旅游收入、旅游人次和客房平均价格指标的得分率同为 87.20%,在维度指标排名中共同名列第一;另一方面,客房平均出租率得分率为 77.67%、旅游收入占地区生产总值比重得分率为 67.60%,都低于评价指标的中位数。

所谓客房平均出租率,是指宾馆/酒店已出租的客房数与可以提供租用的房间总数的百分比,是反映宾馆/酒店经营状况的一项重要指标。在通常情况下,平均出租率越高,说明宾馆/酒店市场客源越好;在平均房价不变的情况下,出租率越高,表明宾馆/酒店的营业状况越好。所以客房平均出租率指标的得分率较低也在一定程度上说明,作为体现宾馆/酒店行业发展质量和发展效率存在明显不足。所谓旅游收入占地区生产总值比重,主要是衡量旅游及相关行业对一个城市经济发展影响力的程度。就占比而言,虽说上海在这一方面的发展超过全国的平均水平,但是与北京、广州和深圳等城市相比,上海仍旧存在一定差距。因此,客房平均出租率和旅游收入占地区生产总值比重两个指标得分率相对较低,既折射出"上海旅游"品牌竞争力在建设中存在的现实短板,又蕴含着提升品牌竞争力活力的发展潜力。

从品牌吸引力包含的 5A 级景区数、空气质量优良天数、CPI 3 个指标看,得分率分别为 70.87%、78.27%、87.20%,3 个指标中 2 个都位于指标体系得分率中位数以下,整体得分率偏低。需要指出的是,从一般意义上讲,5A 级景区代表了一个城市最有吸引力和最具竞争力的旅游资源,也是一个城市旅游品牌吸引力的最直接体现。一方面,作为上海旅游市场最具品牌影响力和市场吸引力的迪士尼乐园,目前并没有纳入到5A级景区系列之中,可以说直接或间接地拉低了该指标的得分率;另一方面,相比于国内其他大城市,上海在5A级景区建设方面的步伐稍显滞缓,导致数量略少,也是造成该指标得分率较低的原因之一。因此从单纯的旅游资源、空气质量角度来讲,这2个指标对游客来沪从事旅游活动的吸引力都比较弱,而且在今后较长时间内都将如此,是市场发展的一个常态,需要引起注意。

从品牌潜力包含的机场旅客吞吐量、铁路客运量、国际航班通达数、旅游人次增长率、旅游收入增长率5个指标看,得分率分别是87.20％、81.94％、86.20％、83.33％、81.11％,全都位于中位数之上,说明指标得分率普遍较好。对此,需要特别指出的是,一方面,由于之前受疫情影响,全国旅游业遭受了严重影响,即使在如此困难情况下,上海市文化和旅游局在做好疫情防控工作的基础上,积极开展"海派城市考古"和"建筑可阅读"等活动,充分挖掘本地游市场潜力,旅游产业得到了一定的恢复,从而使上海旅游人次得到相应提升,较真实地反映了"上海旅游"品牌应有的发展潜力和发展韧性;另一方面,旅游收入增长率指标得分率虽然略低于旅游人次增长率指标得分率,但是基本保持同步增长,有力说明上海旅游市场客源结构的稳定性和消费结构的协调性。这是展示"上海旅游"品牌竞争力发展具有较大市场潜力的核心优势与关键因素。

当然,从"上海旅游"品牌竞争力维度指标得分率的整体看,不平衡性态势比较明显,构成维度指标的各个部分之间的指标得分率也有较大差异,说明该维度指标内部的发展既不充分,也不平衡,亟须高度关注、具体分析、仔细甄别。从具体指标得分率看,尽管从一定时期讲,旅游收入占地区生产总值比重等指标得分率较低将是一种常态,但是对标国内或国际水准,上海也存在有较大的提升空间,需要深入调查,分析制约原因,采取有力措施,逐步进行改善,有利于在整体上提高"上海旅游"品牌竞争力水平。

（五）品牌忠诚指标

一般认为,品牌忠诚是指消费者对某一品牌具有特殊的嗜好或偏好,因而在不断购买此类产品时,仅仅是专注于该产品品牌而放弃对其他产品品牌的尝试。所谓旅游目的地品牌忠诚,可以理解为游客对目的地的持续关注度、重游、推荐他人等态度和行为上的忠诚。基于此,本报告构建的"上海旅游"品牌发展指标体系中的品牌忠诚一级指标包含满意度和忠诚度2个二级指标。其中,满意度包含持续关注、认同度2个三级指标;忠诚度包含重游、推荐他人、溢价游玩3个三级指标。该维度指标合计有5个,主要反映"上海旅游"品牌的游客满意度、情感依赖性等游客消费市场的价值诉求态势,数据主要通过1 039份市场问卷获取。5个指标的得分率如图3-11所示。

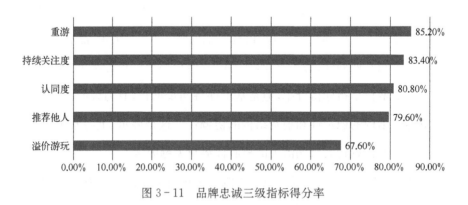

图3-11　品牌忠诚三级指标得分率

由图3-11可以发现,以"上海旅游"品牌评价指标得分率的中位数81.40%为标准,品牌忠诚维度5个指标中仅有2个指标的得分率位于中位数以上,其余3个指标的得分率都处于中位数以下。由于品牌忠诚维度的所有指标都来自受访者的市场评价,所以大致可以勾勒出游客对"上海旅游"品牌忠诚的基本特征和主要倾向。

从品牌满意度部分包含的持续关注度和认同度 2 个指标看,得分率分别为 83.40％、80.80％。这里的持续关注度主要是指游客对上海旅游及其相关信息的关注程度。从持续关注度指标得分率看,游客的市场反馈非常积极。这里的认同度主要是指游客通过经历前来上海旅游的整个过程,获得的一种心理感受和认知,进而形成对上海旅游相应的价值判断与心理评估。从认同度指标得分率看,受访者的市场评价略低于中位数。综合起来看,客源市场对上海旅游的满意度总体上比较高,这一市场反馈也得到了现实旅游市场的积极佐证。

从品牌忠诚度部分包含的重游、推荐他人、溢价游玩 3 个指标看,得分率依次是 85.20％、79.60％、67.60％。需要注意的是,上述 3 个指标中,游客表示到上海进行重游指标的得分率为 85.20％,说明受访者中愿意重复前来上海旅游的比重相当高,与近年来上海游客接待量持续提升的市场发展态势基本吻合。所谓重游,是指在针对受众进行市场调研过程中,游客表示愿意再次或多次前来上海进行旅游活动的一种主观意愿的表示。受访者对上海重游意愿比例高,一方面,说明上海这座城市具有独特的旅游资源、丰富的娱乐活动、完善的设施、便捷的交通、多元的场景、规范的管理,这无一不是构成上海独具魅力的旅游目的地的元素;另一方面,随着我国旅游市场更趋成熟,旅游目的地更加多元化,旅游消费市场也日益细分化,在这样的大背景下,游客依然对上海青睐有加、偏爱不已、依赖更深,既是上海现实旅游市场的客观反映,也勾勒出上海旅游市场未来发展的基本趋势。

尤其值得关注的是,从溢价游玩指标看,得分率为 67.60％,是此次评价体系中 4 个指标得分率最低的指标之一。相对而言,上海旅游企业运营成本比较高,导致游客在酒店、餐饮、景区以及其他休闲娱乐消费方面的花费普遍较高。因而受访者的市场反馈表明游客对溢价游玩指标的心理承受度比较弱,抵触情绪比较浓,致使市场评价比较低。

从推荐他人指标看,得分率为 79.60%,略低于评价指标得分率的中位数。尽管从这一数据可以看到,有相当部分的受访者乐意向他人推荐到上海旅游,或上海的部分旅游项目,但是必须清醒认识到,不断提高游客在上海旅游的体验度和满意度,是促使游客能够乐意向他人推荐"上海旅游"的真正内在动力。

总体而言,通过梳理受访者持续关注度、认同度、重游、溢价游玩和推荐他人 5 个方面的指标得分率,可以基本看清旅游市场对"上海旅游"品牌忠诚问题表现出来的积极态度和首肯倾向,成为推进"上海旅游"品牌建设良好的客源市场民意基础。同时,为"上海旅游"品牌建设与推广制定明确的推广方案与精准的营销策略提供了科学依据。

第三节　上海与北京、广州和深圳的比较

本报告构建了包含 5 个一级指标、14 个二级指标、45 个三级指标的"上海旅游"品牌发展指数评价指标体系。进一步通过与北京、广州和深圳 3 个城市 45 个三级指标对比,找准"上海旅游"品牌所处的位置,识别出发展短板,为进一步促进"上海旅游"品牌相关政策制定提供参考。

进一步比较"自我审视"(问卷调查等)、"横向对比"(与北京、广州、深圳比较)两类指标的平均得分率,发现问卷调查类指标和与北广深比较类指标得分率较高,分别为 79.20%和 80.62%。说明通过与北京、广州及深圳的数据比较,发现"上海旅游"品牌总体表现不错,处于国内较好水平,见表 3-3。

表 3-3　三类指标得分率

序　号	指标类型	得　分　率	等　级
1	问卷调查	79.20%	较好
2	北上广深比较	80.62%	较好
3	均值	72.74%	较好

一、上海、北京、广州、深圳旅游品牌发展现状

本报告中的指标体系由主观和客观两部分构成。其中主观指标数据来自 1 039 份的市场调研问卷;客观指标数据主要来自相关统计年鉴、政府公报、平台以及相关的文献资料。鉴于客观数据的可获取和可比性特点,本报告选取北京、广州、深圳 3 座城市作为"上海旅游"品牌建设的国内对标城市。对标城市的选取依据主要有以下两方面。

第一,北上广深的城市发展水平具有一定相似性。从城市行政级别来看,北京和上海属于直辖市,广州属于省会城市,深圳则属于计划单列市。从城市规模来看,4 座城市的常住人口规模均超过 1 000 万,属于国际语境下的"超大城市(Megacity)"。从城市等级来看,据《2022 城市商业魅力排行榜》显示,4 座城市皆为一线城市,且排序为上海、北京、广州、深圳。从城市发展来看,至 2021 年末,4 座城市的城镇化率均超过 85%。相似的城市发展水平使得 4 座城市的旅游品牌发展指数研究在城市形象、旅游形象、基础设施等维度层面具有横向比较的可能。同时,北上广深的城市旅游品牌对其他城市发展具有较强意义的示范作用和借鉴作用。

第二,北上广深的城市旅游发展水平处于国家前列。2019 年,上海和

北京的旅游接待人数已远超 3 亿人次,旅游总收入达 6 000 亿元。据广州市人民政府办公厅 2021 年的信息披露,广州计划未来打造多个城市文化新地标、新名片,推出各类经典、特色旅游线路百余条,预计 3 年实现旅游业年接待游客超过 2.7 亿人次,旅游业年度总收入超过 5 000 亿元。2022 年,深圳为促进旅游业发展推出了一系列举措,包括《深圳市旅游业发展"十四五"规划》《关于扎实推动经济稳定增长的若干措施》及《深圳经济特区数字经济产业促进条例》,提出深圳建设具有全球影响力的世界级旅游目的地,鼓励开发数字化旅游产品等。据《2021 世界旅游城市蓝皮书》,北上广深均入选世界游客向往的中国城市,可见北京、上海、广州、深圳的都市旅游发展水平相对较高,品牌包容度也因此更广。较好的城市旅游发展水平在一定程度上代表其具有较强吸引力的旅游品牌形象,其城市旅游品牌的塑造和推广也更加完善,内容也更具有参考和研究价值。

针对北京、上海、广州和深圳 4 座城市旅游品牌的评价主要集中在媒体传播反响度、社会公众认知度、品牌口碑塑造度、核心竞争力、辐射竞争力和潜在竞争力 6 个方面,通过对合计 21 个评价指标的测评,来测度 4 座城市旅游品牌建设发展的现实状况。与此同时,通过 4 座城市相关指标的比较与分析,既可以科学把握"上海旅游"品牌在国内主要城市旅游品牌发展中的基本地位,又有助于精准实施提升"上海旅游"品牌发展水平和发展质量的有效措施。

（一）北京

作为我国首都,北京拥有丰富的历史文化和现代旅游资源,对外开放的旅游景点达 200 多处,也是中国"八大古都"之一,拥有 7 项世界遗产,是一座有着 3 000 余年建城历史、860 余年建都史的历史文化名城。市内外交通便捷,是中国铁路网的中心之一,近年来,随着夏奥和冬奥在北京成功举办,"双奥之城"给世界展现了阳光、富强、开放、充满希望的城市形象,冰雪产业也丰富了北京旅游市场的发展前景。从数据分析来看(见图 3-12),北京 21 个指标得分率的均值为 78.14%。其中,高于均值的指标有 11 个,占比为 52.38%。具体是旅游收入增长率、CPI、5A 级景区数、正面新闻报道数、百度人气指数、旅游收入、旅游人次、客房平均价格、城市声誉、机场旅客吞吐量和国际航班通达数。需要指出的是,旅游收入增长率、国际航班通达数、CPI、5A 级景区数、正面新闻报道和百度人气指数 6 个指标的得分率位列或并列 4 座城市第一。从另一个方面再次验证北京的自然、人文、历史旅游资源极其丰厚,是城市旅游品牌发展的强劲支撑。同时,重要的城市地位和广泛的宣推活动使得北京在旅游品牌测度中体现较好口碑。

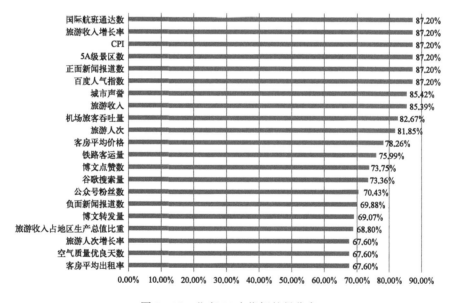

图 3-12 北京 21 个指标的得分率

低于均值的指标有 10 个,占比 47.62%。具体是铁路客运量、博文点赞数、谷歌搜索量、社交媒体粉丝数、负面新闻报道数、博文转发量、旅游收入占地区生产总值比重、旅游人次增长率、空气质量优良天数、客房平均出租率。其中,客房平均出租率、空气质量优良天数和旅游人次增长率3个指标的得分率处于或并列4座城市末位。

通过对媒体传播度、关注度、品牌口碑①、品牌活力、品牌吸引力和品牌潜力6个方面指标得分率的综合分析(见图3-13),可以清晰发现,在现阶段有关北京城市旅游品牌的6个方面指标得分率依次是:品牌口碑(85.42%)、品牌吸引力(80.67%)、品牌潜力(80.13%)、媒体传播度(79.41%)、品牌活力(76.38%)和关注度(71.08%)。其中,品牌口碑得分率最高,这与北京作为首都的城市地位基本吻合。不过,品牌口碑得分率与关注度得分率相差14.34个百分点,说明维度之间存在比较明显的失衡性。

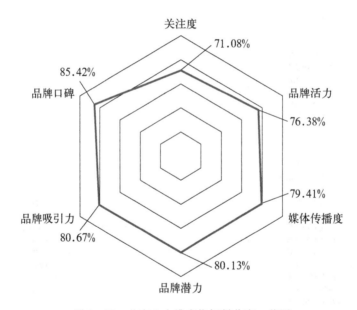

图3-13 北京6个维度指标得分率一览图

(二)上海

上海是我国的国际经济、金融、贸易、航运、科技和创新中心。经济

---

① 在本节中,有关北京、上海、广州和深圳四个城市比较中的"品牌口碑"指标,主要包括全球城市分级排名(GaWC)、全球金融中心指数(GFCI)和全球城市500强榜单三部分内容。

实力在全国处于领先地位,第三产业所占比重逐年增加。与北京、广州和深圳相比,上海在城市交通、市政设施等方面具有明显优势。同时,上海也拥有丰富的旅游资源和深厚的文化底蕴,独特的海派文化为市民游客提供了多样化的消费场景,世界博览会、上海旅游节、中国(上海)国际艺术节、上海国际电影节等大型国际、国内活动的成功举办,大大提升了上海的知名度。从数据分析来看(见图 3-14),上海 21 个指标得分率的均值为 81.55%。高于均值的指标有 13 个,约占 21 个指标数量的 61.90%。具体是旅游人次增长率、CPI、客房平均价格、旅游收入、旅游人次、博文转发量、社交媒体粉丝数、负面新闻报道数、百度人气指数、铁路客运量、城市声誉、机场旅客吞吐量和国际航班通达数。其中,旅游人次增长率、CPI、客房平均价格、旅游收入、旅游人次、城市声誉、机场旅客吞吐量、博文转发量、社交媒体粉丝数和负面新闻报道数 10 个指标的得分率位列或并列第一,是 4 座城市中获得第一名指

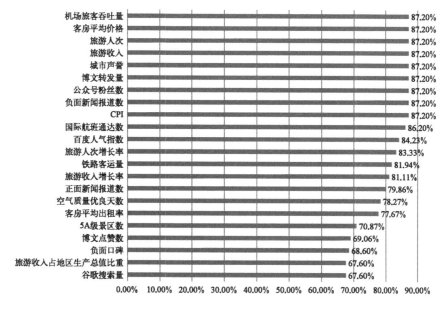

图 3-14 上海 21 个指标的得分率

标数量最多的城市。

低于均值的指标有 8 个,约占 21 个指标数量的 38.10%。具体是正面新闻报道数、空气质量优良天数、客房平均出租率、旅游收入增长率、5A级景区数、博文点赞数、旅游收入占地区生产总值比重、谷歌搜索量。其中,旅游收入占地区生产总值比重和谷歌搜索量两个指标的得分率位居末位。

通过对媒体传播度、关注度、品牌口碑、品牌活力、品牌吸引力和品牌潜力 6 个方面指标得分率的综合分析(见图 3-15),可以清晰发现,在现阶段有关上海城市旅游品牌的 6 个方面指标得分率的评价数值依次是:品牌口碑(87.20%)、品牌潜力(83.94%)、品牌活力(81.37%)、关注度(81.15%)、媒体传播度(79.72%)和品牌吸引力(78.78%)。其中,品牌口碑得分率最高,而品牌吸引力最低,两者之间有 8.42 个百分点的差距,说明维度之间存在一定的失衡性。

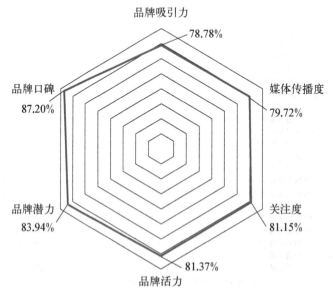

图 3-15　上海 6 个维度指标得分率一览图

（三）广州

广州是国际商贸中心和综合交通枢纽，也是我国著名的沿海开放城市和国家综合改革试验区。近年来，特别是广州举办 2010 年亚运会和亚残运会前后，城市建设突飞猛进，打造了一批城市新名片，大大地丰富了广州的旅游资源，使得旅游综合竞争力位列全国副省级城市第一。从数据分析来看（见图 3 - 16），广州 21 个指标得分率的均值为 74.89%。高于均值的指标有 8 个，占比 38.10%，具体是铁路客运量、旅游收入占地区生产总值比重、负面新闻报道数、客房平均出租率、旅游收入、谷歌搜索量、空气质量优良天数、国际航班通达数。其中，铁路客运量、旅游收入占地区生产总值比重和负面新闻报道数指标的得分率并列 4 座城市第一，可以看出，广州在城市旅游品牌发展进程中，交通优势非常明显，旅游产业规模较大，引客能力较强。

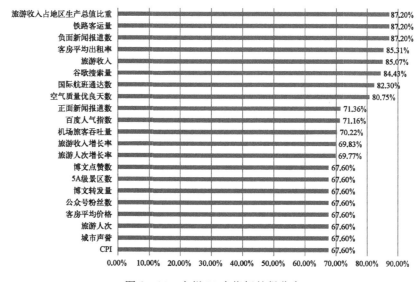

图 3 - 16　广州 21 个指标的得分率

低于均值的指标有 13 个，占比 61.90%，具体是正面新闻报道数、百度人气指数、旅游收入增长率、旅游人次增长率、CPI、5A 级景区数、客房平均价格、旅游人次、博文转发量、博文点赞数、社交媒体粉丝数、机场旅客吞吐量、城市声誉。其中,CPI、5A级景区数、客房平均价格、旅游人次、博文转发量、博文点赞数、城市声誉和社交媒体粉丝数指标得分率并列末位,说明广州在城市旅游品牌的经营上还缺乏新颖的宣推方式和内容展示,目前的品牌发展还不足以构成吸睛点、记忆点,这与广州建设国际大都市的定位稍有差距。

通过对媒体传播度、关注度、品牌口碑、品牌活力、品牌吸引力和品牌潜力6个方面指标得分率的综合分析(见图3-17),可以清晰发现,在现阶段有关广州城市旅游品牌的6个方面指标得分率的评价数值依次是:品牌活力(78.56%)、媒体传播度(78.54%)、品牌潜力(75.86%)、品牌吸引力(71.98%)、品牌口碑(67.60%)和关注度(67.60%)。有两点需要特别指出,一是尽管广州品牌活力得分率最高,但是仅有78.56%,与上海和北京得分率最高的维度指标相比差距较大;二是关注度与品牌口碑两个

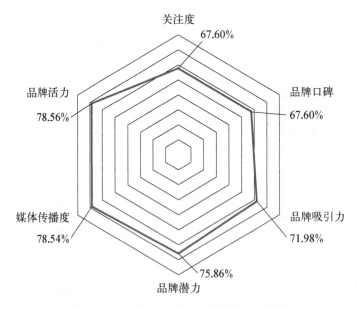

图3-17 广州6个维度指标得分率一览图

维度指标得分率都只有 67.60%,并列倒数第一位,在 4 座城市中比较少见。如果对得分率最高的品牌活力与得分率最低的品牌口碑进行比较,可以发现两者之间有 10.96 个百分点的差距说明维度之间存在明显的失衡性。

（四）深圳

深圳是计划单列市,是中国经济特区,也是粤港澳大湾区四大中心城市之一。处于改革开放的前沿,具有制度性优势。同时,深圳的城镇化率达 100%,是中国第一个全部城镇化的城市。但与北京、上海和广州相比,深圳旅游资源相对匮乏。从数据分析来看(见图 3-18),深圳 21 个指标得分率的均值为 72.99%。高于均值的指标有 7 个,占比 33.33%,具体是空气质量优良天数、客房平均出租率、博文点赞数、谷歌搜索量、负面新闻报道数、客房平均价格、CPI。其中,空气质量优良天数、客房平均出租率、博文点赞数和谷歌搜索量指标得分率并列 4 座城市第一,表明深圳在建

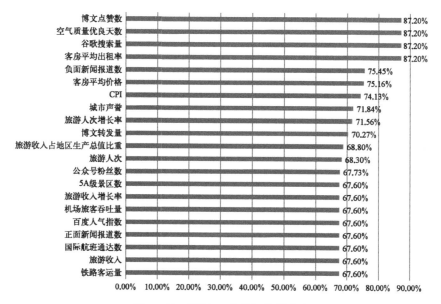

图 3-18 深圳 21 个指标的得分率

设城市旅游品牌的过程中,比较重视城市生态环境、旅游接待设施和国际口碑的塑造。

低于均值的指标有 14 个,占比 66.66%,具体是旅游人次增长率、博文转发量、旅游收入占地区生产总值比重、旅游人次、社交媒体粉丝数、旅游收入增长率、铁路客运量、5A 级景区数、旅游收入、正面新闻报道数、百度人气指数、城市声誉、机场旅客吞吐量、国际航班通达数,其中旅游收入增长率、铁路客运量、5A 级景区数、旅游收入、机场旅客吞吐量、国际航班通达数、正面新闻报道数和百度人气指数指标得分率并列末位,说明深圳游客的旅游消费水平还比较低平,仍有较大的潜在消费空间亟待挖掘,同时,城市的文旅产品供给也存在不充分、与需求不适配的现象。

通过对媒体传播度、关注度、品牌口碑、品牌活力、品牌吸引力和品牌潜力 6 个方面指标得分率的综合分析(见图 3-19),可以清晰发现,在现阶段有关深圳城市旅游品牌的 6 个方面指标得分率的评价数值依次是:

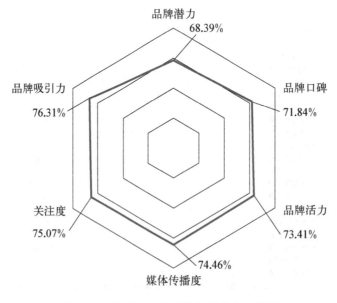

图 3-19 深圳 6 个维度指标得分率一览图

品牌吸引力(76.31%)、关注度(75.07%)、媒体传播度(74.46%)、品牌活力(73.41%)、品牌口碑(71.84%)和品牌潜力(68.39%)。必须指出,深圳6个维度评价指标的整体得分率都不高,其中维度最高得分率仅有76.31%,略低于广州维度最高得分率。尽管如此,最高维度得分率与最低维度得分率之间仍然有7.92个百分点的差距,说明维度之间依旧存在一定的失衡性。

二、上海与北京、广州和深圳旅游品牌评价指标的比较

21个评价指标主要集中反映了4座城市的旅游品牌在媒体传播反响度、社会公众认知度、品牌口碑塑造度、核心竞争力、辐射竞争力和潜在竞争力6个方面建设发展的现实状态。通过各部分指标得分率的分析比较,基本可以厘清上海与北京、广州、深圳相比在城市旅游品牌发展水平上所处的地位,以及未来可能的发展态势。

（一）4座城市媒体传播度比较

媒体传播度主要包括百度人气指数、谷歌搜索量、正面新闻报道数和负面新闻报道数4个指标。

1. 百度人气指数指标

百度人气指数是以百度网页搜索和百度新闻搜索为基础的海量数据分析服务,通过"城市名称＋旅游"的百度指数搜索,可以在一定程度上反映4座城市在过去一段时间里所获得的国内旅游市场游客关注度和媒体关注度。从百度人气指数指标得分率高低看,依次为北京、上海、广州和深圳。其中,北京得分率最高,深圳最低。由此可见,北京在国内网络搜索量方面具有较为明显优势,见图3-20。

2. 谷歌搜索量指标

谷歌作为全球最重要的搜索引擎之一,通过观察"城市英文名称＋

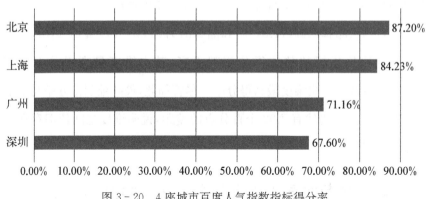

图 3-20　4 座城市百度人气指数指标得分率

travel"的谷歌搜索热度,大致可以在一定程度上判断一个城市在国际市场上的品牌传播的热度。从谷歌搜索量指标得分率高低看,依次为深圳、广州、北京和上海。其中,深圳得分率最高,上海最低。显然在谷歌搜索量方面,深圳优势较为明显,见图 3-21。

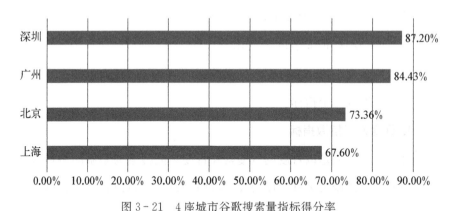

图 3-21　4 座城市谷歌搜索量指标得分率

3. 正面新闻报道数指标

所谓正面新闻报道,是指新闻媒体倡导某种现象、观点或事件,以保持一定的社会道德水平和社会秩序。正面新闻报道数量的高低可以从一个侧面反映出 4 座城市旅游品牌市场形象的传播情况。关于城市的正面新闻报道数量越多,一定程度上说明城市品牌形象的正面传播效果越好。

从正面新闻报道数指标得分率高低看,依次为北京、上海、广州和深圳。其中,北京得分率最高,深圳最低。可见在正面新闻报道数量方面,北京优势较为明显,见图 3-22。

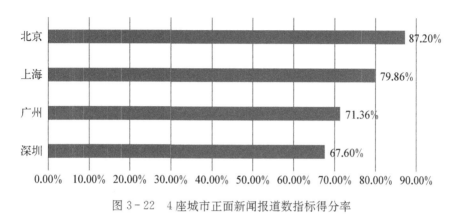

图 3-22 4座城市正面新闻报道数指标得分率

4. 负面新闻报道数指标

所谓负面新闻报道,是指新闻媒体对某一现象、行为进行揭露和批判,以引发人们的深入思考。负面新闻报道数量高低可以从一个侧面反映出 4 座城市旅游品牌形象的负面传播情况。这里的负面新闻报道数,是作为评价的负向指标。指标得分越高,代表媒体对该城市的负面报道数量越少,对城市品牌形象的负面影响力越低;反之,则对城市品牌形象的负面影响力越大。从负面新闻报道数指标得分率高低看,依次为广州、上海、深圳和北京。其中,广州和上海得分率最高,北京最低。可见广州和上海在降低负面新闻报道数量方面,工作效果明显,见图 3-23。

从上海与北京、广州和深圳 3 座城市有关媒体传播度的指标得分率可以看出以下 2 个特点。一是在国内外市场的搜索量方面上海略显薄弱。在国内百度人气指数指标方面上海低于北京;在国际谷歌搜索量方面则位列末位。二是在媒体新闻报道方面处于中上水平。在正面新闻报

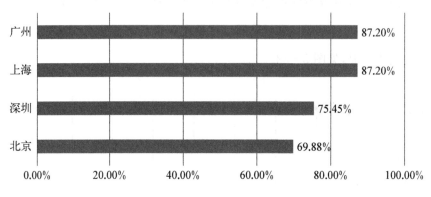

图 3-23　4 座城市负面新闻报道数指标得分率

道数上上海低于北京,位于第二位;在负面新闻报道数方面上海与广州并列第一,见表 3-4。

表 3-4　4 座城市媒体传播度指标得分率与排名一览表

类　别	北　京		上　海		广　州		深　圳	
	得分率	排名	得分率	排名	得分率	排名	得分率	排名
百度人气指数	87.20%	1	84.23%	2	71.16%	3	67.60%	4
谷歌搜索量	73.36%	3	67.60%	4	84.43%	2	87.20%	1
正面新闻报道数	87.20%	1	79.86%	2	71.36%	3	67.60%	4
负面新闻报道数	69.88%	4	87.20%	1	87.20%	1	75.45%	3

(二)4 座城市关注度比较

关注度包括社交媒体粉丝数、博文点赞数、博文转发量 3 个指标。

1. 社交媒体粉丝数指标

这里的社交媒体粉丝数主要包括微博和抖音两部分内容。近年来,微博、抖音成为了网民传递信息、表达情感、记录生活的重要平台,因而其粉丝量、点赞数等成为衡量网络宣传效果的重要指标。与此同时,微博、抖音等平台数据也是城市信息化传播的统计量和网民认可度指标,对促进城市名片的虚拟 IP 打造、数据信息的网络增值、城市特色的推广具有重要的现实意义。利用社交媒体粉丝进行宣传是当代一种新颖的营销方式和网络途径,可以有效提升和扩大城市旅游的品牌知名度与品牌影响力。以微博账号为例,截至 2022 年 11 月 6 日,"乐游上海"共有粉丝 405 万人,而同时期,北京、广州、深圳相关账号粉丝分别为 104.5 万、69.3 万和 3.6 万人。显而易见,在 4 座城市中,"乐游上海"粉丝量遥遥领先,为其新媒体营销奠定了良好的市场基础。

从社交媒体粉丝指标得分率高低看,依次为上海、北京、深圳和广州。其中,上海得分率最高,广州最低。可见在社交媒体粉丝数指标方面,上海的优势较为明显,见图 3-24。

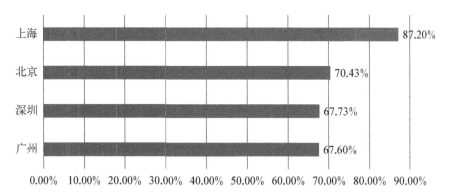

图 3-24 4 座城市社交媒体粉丝数指标得分率

2. 博文点赞数指标

所谓博文点赞数,是目前比较公认的衡量城市旅游品牌在网络上宣传推广效果的一个标准。博文点赞数越多,就表示该公众号所刊发的有关该城市的旅游宣传内容越受欢迎,也说明公众对该城市旅游品牌的关注度越高;反之,则关注度越低。从博文点赞数指标得分率高低看,依次为深圳、北京、上海和广州。其中,深圳得分率最高,广州最低。可见在博文点赞数指标方面,深圳优势较为明显,见图3-25。

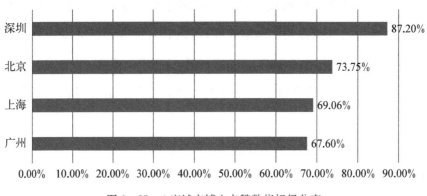

图 3-25　4座城市博文点赞数指标得分率

3. 博文转发量指标

对一个城市而言,依托有关社交媒体,发布旅游博文的数量或转发量越高,说明公众对该城市旅游品牌的关注度越高;反之,则越低。上海文旅局以"乐游上海"为统一官方用户名,在新浪微博、腾讯微博、新民网微博、天涯论坛、微信等多个新媒体平台同步宣推信息,进行新媒体推广,品牌传播效果显著。据统计,"乐游上海"微博和抖音粉丝数、博文转发量等均位居4座城市首位,说明了"上海旅游"品牌在新媒体传播方面的优势明显。

从4座城市博文转发量指标得分率高低看,依次为上海、深圳、北京和广州。其中,上海得分率最高,广州最低。可见在博文转发量指标方面,上海优势同样比较明显,见图3-26。

通过上海与北京、广州、深圳3座城市的关注度指标得分率比较可以得出以下2个特点。一是在关注度的数量指标上,上海具有一定的优势。

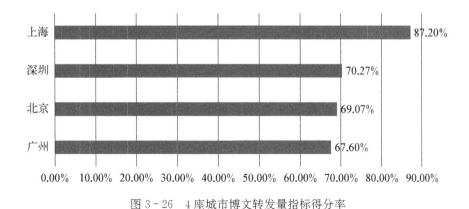

图 3-26 4座城市博文转发量指标得分率

在社交媒体粉丝与博文转发量两个指标上都位列第一名;二是在关注度质量指标上略显薄弱。博文点赞数指标得分率低于深圳与北京,需要予以关注,见表 3-5。

表 3-5 4座城市关注度指标得分率与排名一览表

类 别	北 京		上 海		广 州		深 圳	
	得分率	排名	得分率	排名	得分率	排名	得分率	排名
社交媒体粉丝数	70.43%	2	87.20%	1	67.60%	4	67.73%	3
博文点赞数	73.75%	2	69.06%	3	67.60%	4	87.20%	1
博文转发量	69.07%	3	87.20%	1	67.60%	4	70.27%	2

(三)4 座城市品牌口碑比较

品牌口碑主要通过城市声誉指标进行反映。所谓城市声誉,主要是指社会大众和各类利益相关者对城市构成要素的综合性评价,重在美誉度和信任度。城市声誉是衡量城市软硬环境的重要指标,是对城市品牌形象的综合认证。该指标由 GaWC 全球城市分级排名、全球金融中心指数和世界城市 500 强排名等 3 个指标的评价值综合构成。从 3 个指标的评价排名中大致可以观察到北京、上海、广州和深圳 4 座城市在国际市场中的基本位置。详见表 3 - 6。

表 3 - 6　北京、上海、广州和深圳在 3 大权威城市榜单中的排名(2021 年)

名　　称	GaWC 全球城市分级排名	全球金融中心指数排名	世界城市500 强排名
上海	5	4	9
北京	6	8	13
广州	33	24	50
深圳	45	9	34

根据北京、上海、广州和深圳 4 座城市在 3 个国际排名中的评价值,经过综合计算后,形成 4 座城市关于城市声誉指标的得分率(见图 3 - 27),依次为上海、北京、深圳和广州。其中,上海得分率最高,广州最低。可见在城市声誉指标方面,上海优势较为明显。值得指出的是,尽管北京指标的得分率略低于上海,但是北京拥有比较强大的综合竞争优势,发展潜力不可小觑。

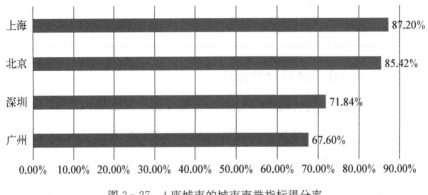

图 3 - 27　4 座城市的城市声誉指标得分率

（四）4 座城市品牌活力比较

品牌活力包含旅游收入、旅游人次、客房平均出租率、客房平均价格、旅游收入占地区生产总值比重 5 个指标。

1. 旅游收入指标

这里的旅游收入是指一个城市在一定时间内（本报告以一年为计算单位）通过销售旅游产品所获得的全部收入。旅游收入是衡量一个城市旅游发展程度和旅游经济效益的重要指标。从旅游收入指标得分率高低看，依次为上海、北京、广州和深圳。其中，上海得分率最高，深圳最低。可见在旅游收入指标方面，上海具有一定的优势。但北京和广州的追赶之势极为明显，见图 3-28。

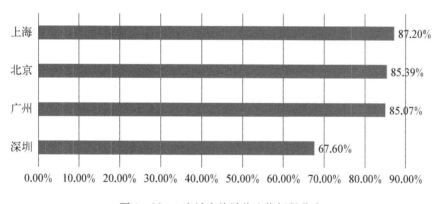

图 3-28　4 座城市旅游收入指标得分率

2. 旅游人次指标

这里的旅游人次是指一定时期内（本报告以一年为统计单位）旅游者在一个城市活动次数的总和。旅游人次是衡量一个国家或地区旅游业发展水平和市场活力的重要尺度之一。从旅游人次指标得分率高低看，依次为上海、北京、深圳和广州。其中，上海得分率最高，广州最低。可见在旅游人次指标方面，上海优势较为明显，见图 3-29。

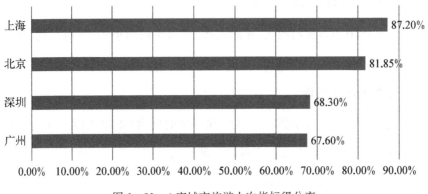

图 3-29 4座城市旅游人次指标得分率

3. 客房平均出租率

所谓客房平均出租率,是指宾馆/酒店已出租的客房数与可以提供租用的房间总数的百分比,是反映宾馆/酒店经营状况的一项重要指标。在通常情况下,出租率越高,说明宾馆/酒店市场客源越好;在平均房价不变的情况下,出租率越高,表明宾馆/酒店的营业状况越好。从客房平均出租率指标得分率高低看,依次为深圳、广州、上海和北京。其中,深圳得分率最高,北京最低。可见在客房平均出租率指标方面,深圳优势较为明显。而上海在客房平均出租率指标方面,略显滞后,存在比较大的提升空间,需要制定针对性有效措施,见图 3-30。

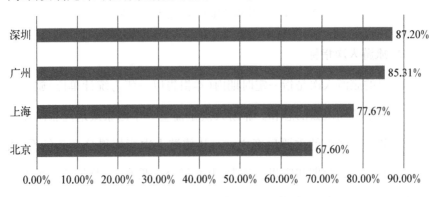

图 3-30 4座城市客房平均出租率指标得分率

4. 客房平均价格指标

这里的客房平均价格是指宾馆/酒店客房总收入与宾馆/酒店出租客房数的比值。客房平均价格是分析宾馆/酒店市场经营活动效益的重要指标。从客房平均价格指标得分率高低看,依次为上海、北京、深圳和广州。其中,上海得分率最高,广州最低。可见在客房平均价格指标方面,上海具有比较明显的优势,见图3-31。

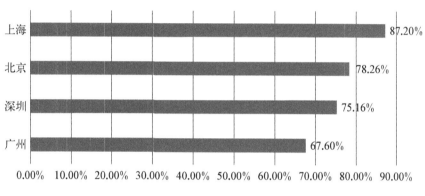

图3-31　4座城市客房平均价格指标得分率

5. 旅游收入占地区生产总值比重指标

这里的旅游收入占地区生产总值比重是衡量旅游及相关行业对地区经济发展影响的程度。从旅游收入占地区生产总值比重指标得分率高低看,依次为广州、深圳、北京和上海。其中,广州得分率最高,上海最低。可见在旅游收入占地区生产总值比重指标方面,广州优势较为明显。深圳、北京和上海不相上下,见图3-32。

通过上海与北京、广州和深圳3座城市品牌活力指标得分率的比较可以看出以下3个特点。一是从旅游发展的宏观层面以及市场结构的协调性上看,上海具有一定优势。在旅游收入与旅游人次两个指标得分率上都位居第一位。二是从中观层面的宾馆/酒店行业角度看,上海的现状略显失衡。客房平均出租率指标得分率位于第三位,而客房平均价格指

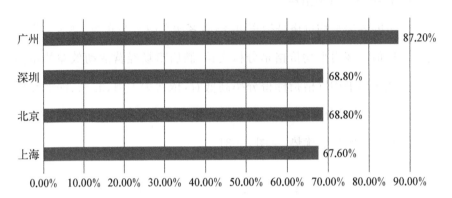

图 3－32　4 座城市旅游收入占地区生产总值比重指标得分率

标得分率位列第一位。三是从旅游业对地方社会经济发展的影响力角度讲,上海劣势比较明显。在旅游收入占地区生产总值比重指标得分率上,上海在 4 座城市中处于末位。见表 3－7。

表 3－7　4 座城市品牌活力指标得分率与排名一览表

类　　别	北　京		上　海		广　州		深　圳	
	得分率	排名	得分率	排名	得分率	排名	得分率	排名
旅游收入	85.39%	2	87.20%	1	85.07%	3	67.60%	4
旅游人次	81.85%	2	87.20%	1	67.60%	4	68.30%	3
客房平均出租率	67.60%	4	77.67%	3	85.31%	2	87.20%	1
客房平均价格	78.26%	2	87.20%	1	67.60%	4	75.16%	3
旅游收入占地区生产总值比重	68.80%	2	67.60%	4	87.20%	1	68.80%	2

（五）品牌吸引力比较

品牌吸引力包含5A级景区数、空气质量优良天数、CPI 3个指标。

1. 5A级景区数指标

从一般意义上讲,5A级景区代表了一个城市最具吸引力的旅游资源,也是一个城市旅游品牌吸引力的最直接体现。从5A级景区数指标得分率高低看,依次为北京、上海、深圳和广州。其中,北京得分率最高,广州最低。可见在5A级景区数指标方面,北京优势较为明显。显然,不仅是上海,近年来广州和深圳同样在高星级景区数量增长方面步伐比较缓慢,见图3-33。

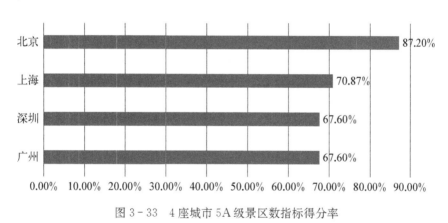

图3-33 4座城市5A级景区数指标得分率

2. 空气质量优良天数指标

所谓空气质量优良天数,是指一个城市在一定时期内(本报告以一年为统计单位)空气质量优良以上的监测天数。空气质量优良天数是测度一个城市自然环境状况优劣的重要指标,也是反映一个城市能够提供人们从事户外游憩活动的自然环境的指标。从空气质量优良天数指标得分率高低看,依次为深圳、广州、上海和北京。其中,深圳得分率最高,北京最低。可见在空气质量优良天数指标方面,深圳优势较为明显,见图3-34。

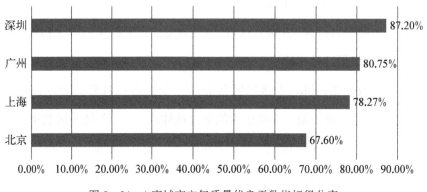

图 3-34 4 座城市空气质量优良天数指标得分率

3. CPI 指标

消费者物价指数,简称 CPI,又称为居民消费价格指数,是在一定时间内(本报告以一年为统计单位)反映居民家庭一般所购买的消费品和服务项目价格水平变动情况的宏观经济指标。CPI 也是反映通货膨胀的一个重要指标。CPI 越低,人民币购买能力越高。CPI 和居民收入决定了旅游花费所占收入的比重。CPI 是一个负向指标,数值越低,得分率越高;反之,则得分率越低。从 CPI 指标得分率高低看,依次为北京、上海、深圳和广州。其中,北京和上海得分率最高,广州最低。可见在 CPI 指标方面,北京和上海优势较为明显,见图 3-35。

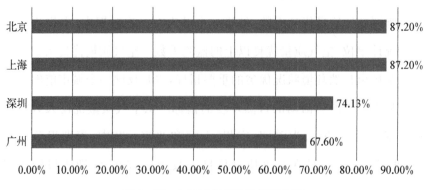

图 3-35 4 座城市 CPI 指标得分率

通过上海与北京、广州和深圳3座城市品牌吸引力指标得分率的比较可以看出以下几个特点。一是在5A级景区数量方面上海处于较低水平;从指标得分率角度看,上海低于北京,名列第二,但是得分率却比较低。二是在空气质量优良天数方面,上海近年来的进步不可谓不大,但是相较于深圳与广州,差距依然比较明显。三是在CPI方面,上海的居民生活服务品与服务项目价格变动比较平稳,有利于旅游消费市场的健康发展;从指标得分率看,上海与北京并列第一。见表3-8。

表3-8 4座城市品牌吸引力指标得分率与排名一览表

类 别	北 京		上 海		广 州		深 圳	
	得分率	排名	得分率	排名	得分率	排名	得分率	排名
5A级景区数	87.20%	1	70.87%	2	67.60%	3	67.60%	3
空气质量优良天数	67.60%	4	78.27%	3	80.75%	2	87.20%	1
CPI	87.20%	1	87.20%	1	67.60%	4	74.13%	3

(六)4座城市品牌潜力比较

品牌潜力包含机场旅客吞吐量、铁路客运量、国际航班通达数、旅游人次增长率、旅游收入增长率5个指标。

1. 机场旅客吞吐量指标

所谓机场旅客吞吐量,是指一个城市机场飞机进、出范围的旅客数量。它是衡量一个地区经济、社会发展程度,文明程度,开放程度和活跃程度的重要标志,也是反映中远程游客活跃度的重要指标。从机场旅客吞吐量指标得分率高低看,依次为上海、北京、广州和深圳。其中,上海得分率最高,深圳最低。可见在旅客吞吐量指标方面,上海体现出一定的优势,见图3-36。

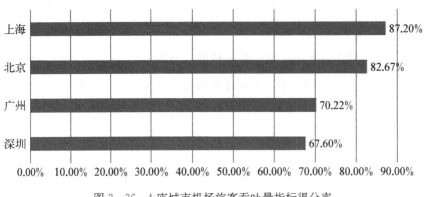

图3-36 4座城市机场旅客吞吐量指标得分率

2. 铁路客运量指标

这里的铁路客运量是指一定时期内(本报告以一年为统计单位)铁路运送的旅客人数,是反映铁路旅客运输的基本产量指标,是反映一个城市旅客运输能力的重要指标,也是游客进出一个城市从事旅游活动便捷性与通达性的重要交通基础。从指标得分率高低看,依次为广州、上海、北京和深圳。其中,广州得分率最高,深圳最低。可见在该指标方面,广州优势较为明显,见图3-37。

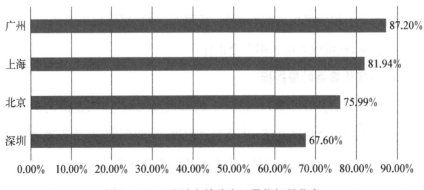

图3-37 4座城市铁路客运量指标得分率

3. 国际航班通达数指标

所谓国际航班通达数,是指一个城市机场国际航班进出数量的总和。国际航班通达数是衡量一个城市国际化程度的典型指标,而国际化程度是城市发展潜力中最具代表性的核心要素之一。一般而言,一个城市的国际航班通达数量越多,表明该城市的国际化程度越高,入境旅游发展潜力越大;反之,则国际化程度较低,入境旅游发展潜力较小。从国际航班通达数指标得分率高低看,依次为北京、上海、广州和深圳。其中,北京得分率最高,深圳最低。可见在国际航班通达数指标方面,北京体现一定的优势。当然,上海在这一指标方面的优势同样比较明显,见图 3 - 38。

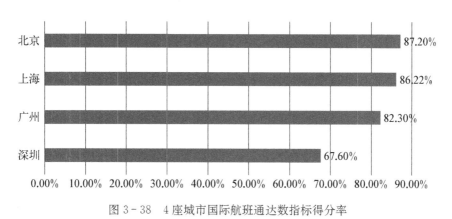

图 3 - 38 4座城市国际航班通达数指标得分率

4. 旅游人次增长率指标

所谓旅游人次增长率,是指一个城市在一定时期内(本报告以一年为统计单位)接待的旅游人次与上年同期进行比较的结果。旅游人次增长率高低揭示出一个城市旅游产业发展的基本状况与旅游市场演变的基本态势。从旅游人次增长率指标得分率高低看,依次为上海、深圳、广州和北京。其中,上海得分率最高,北京最低。可见在旅游人次增长率指标方面,上海优势明显,见图 3 - 39。

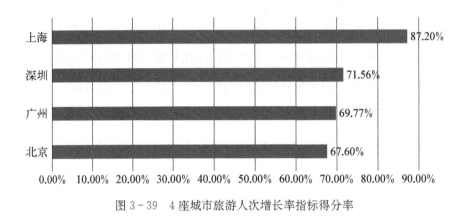

图 3 - 39　4 座城市旅游人次增长率指标得分率

5. 旅游收入增长率指标

所谓旅游收入增长率,是指一个城市在一定时期内(本报告以一年为统计单位)与上年同期旅游收入比较的结果。旅游收入增长率是反映一个城市旅游经济发展效益的重要指标。从旅游收入增长率指标得分率高低看,依次为北京、上海、广州和深圳。其中,北京得分率最高,深圳最低。可见在旅游收入增长率指标方面,北京优势较为明显。而上海在该指标方面仍需做出较大努力,见图 3 - 40。

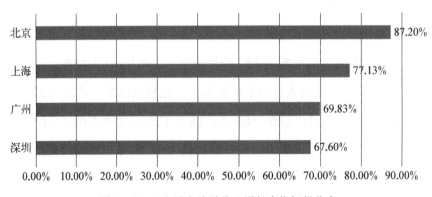

图 3 - 40　4 座城市旅游收入增长率指标得分率

通过上海与北京、广州、深圳3座城市品牌潜力方面指标得分率的比较,从品牌潜力发展的现状及趋势看,上海在4座城市中总体上处于发展前列,且体现出一定的优势。具体呈现出以下3个特点。一是从机场与铁路客运量角度看,凸显上海具有很大的游客运输潜力。从机场旅客吞吐量与铁路客运量两个指标得分率看,在4座城市中,上海分别位于第一和第二位。二是从游客来源的国际化程度看,上海具有很大的发展潜力。从指标得分率看,上海略低于北京,但是差距很小。三是从旅游市场的增长率看,上海也表现出比较好的增长韧劲。从旅游人次增长率和旅游收入增长率两个指标得分率看,上海在4座城市中分别位于第一和第二位,见表3-9。

表3-9　4座城市品牌潜力指标得分率与排名一览表

类　别	北　京		上　海		广　州		深　圳	
	得分率	排名	得分率	排名	得分率	排名	得分率	排名
机场旅客吞吐量	82.67%	2	87.20%	1	70.22%	3	67.60%	4
铁路客运量	75.99%	3	81.94%	2	87.20%	1	67.60%	4
国际航班通达数	87.20%	1	86.22%	2	82.30%	3	67.60%	4
旅游人次增长率	67.60%	4	87.20%	1	69.77%	3	71.56%	2
旅游收入增长率	87.20%	1	77.13%	2	69.83%	3	67.60%	4

总之,通过上海与北京、广州及深圳多方面的数据比较,可以清晰发现"上海旅游"品牌发展处于较好水平,见表3-10。

表3-10 4座城市21个指标得分率排名

城市	第一名		第二名		第三名		第四名		指标数及占比汇总
	指标	指标数及占比	指标	指标数及占比	指标	指标数及占比	指标	指标数及占比	
上海	社交媒体粉丝数、博文转发量、负面新闻报道数、旅游收入、游人次、客房平均价格、CPI、旅游人次增长率、城市声誉、机场旅客吞吐量	10 47.62%	百度人气指数、正面新闻报道数、5A级景区数、铁路客运量、旅游收入增长率、国际航班通达数	6 28.57%	博文点赞数、客房平均出租率、空气质量优良天数	3 14.29%	谷歌搜索量、旅游收入占地区生产总值比重	2 9.52%	21 100%
北京	百度人气指数、正面新闻报道数、5A级景区数、CPI、旅游人次增长率、国际航班通达数	6 28.57%	社交媒体粉丝数、博文点赞数、旅游收入、游人次、客房平均价格、旅游收入占地区生产总值比重、机场旅客吞吐量、城市声誉	8 38.09%	谷歌搜索量、博文转发量、铁路客运量	3 14.29%	负面新闻报道数、客房平均出租率、空气质量优良天数、旅游人次增长率	4 19.05%	21 100%

续　表

城市	第一名		第二名		第三名		第四名		指标数及占比汇总
	指标	指标数及占比	指标	指标数及占比	指标	指标数及占比	指标	指标数及占比	
深圳	谷歌搜索量,博文点赞数,客房平均出租率,空气质量优良天数	4 19.05%	博文转发量,旅游收入占地区生产总值比重,旅游人次增长率	3 14.29%	负面新闻报道数,社交媒体粉丝数,旅游人次,客房平均价格,5A级景区数,CPI,城市声誉	7 33.33%	百度人气指数,正面新闻报道数,旅游收入,路客运量,旅游人次增长率,机场旅客吞吐量,国际航班通达数	7 33.33%	21 100%
广州	负面新闻报道数,旅游收入占地区生产总值比重,铁路客运量	3 14.29%	谷歌搜索量,客房平均出租率,空气质量优良天数	3 14.29%	百度人气指数,正面新闻报道数,旅游收入,5A级景区数,旅游人次增长率,旅游收入增长率,机场旅客吞吐量,国际航班通达数	8 38.09%	社交媒体粉丝数,博文点赞数,博文转发量,旅游人次,客房平均价格,CPI,城市声誉	7 33.33%	21 100%

参考文献：

［1］胡洪基,郭英之,甘柠瑜,等.主题公园品牌体验影响因素与精准施策研究［J］.中国软科学,2021(S1)：314 - 323.

［2］沈雨婕,王媛,许鑫,等.华亭初见记：文化记忆视角下的上海旅游形象感知［J］.图书馆论坛,2020,40(10)：59 - 65.

［3］张凌云.景区门票价格与门票经济问题的反思［J］.旅游学刊,2019,34(7)：17 - 24.

［4］张红梅.特色旅游目的地品牌形象影响机制与综合评价研究［D］.合肥：合肥工业大学,2019.

［5］庄国栋.国际旅游城市品牌竞争力研究［D］.北京：北京交通大学,2018.

［6］吴开军.中国大陆省域旅游目的地品牌竞争力研究——基于可视的世界级和国家级景区品牌视角［J］.经济管理,2016,38(6)：154 - 165.

［7］张宏梅,张文静,王进,等.基于旅游者视角的目的地品牌权益测量模型：以皖南国际旅游区为例［J］.旅游科学,2013,27(1)：52 - 63.

［8］宋子斌,安应民,郑佩.旅游目的地形象之 IPA 分析——以西安居民对海南旅游目的地形象感知为例［J］.旅游学刊,2006(10)：26 - 32.

［9］邵炜钦.旅游目的游客忠诚机制模式构建［J］.旅游科学,2005(3)：44 - 47,69.

［10］卢泰宏.品牌资产评估的模型与方法［J］.中山大学学报(社会科学版),2002(3)：88 - 96.

［11］黄震方,李想.旅游目的地形象的认知与推广模式［J］.旅游学刊,2002(3)：65 - 70.

第四章 结论与建议

第一节 研究结论与存在问题

一、研究结论

第一，从评价指标的整体性角度看，"上海旅游"品牌发展处于中上水平，而且构成品牌维度的发展结构比较平稳。这是上海城市旅游品牌综合能力发展的基本态势，与上海城市旅游品牌发展和建设现状比较相符。这一研究结果表明，一方面，经过多年努力，上海城市旅游品牌建设基础比较扎实，发展成果比较明显；另一方面，又揭示出"上海旅游"品牌建设与上海建成世界著名旅游城市的发展目标之间存在显著差距，城市旅游品牌建设任重道远。在针对性措施保障下，经过后续努力，在"十四五"期间，"上海旅游"品牌发展水平完全有可能实现由目前"较好"阶段进入"好"的发展阶段的提升目标。

第二，从评价指标的属性角度看，主观指标（23 个）得分率的均值（79.70％）与客观指标（22 个）得分率的均值（80.96％）十分接近，表明受访者对"上海旅游"品牌发展水平的市场感知程度与实际反映"上海旅游"品牌发展水平的统计指标之间基本吻合。

第三，从评价指标构成的五大维度指标角度看，有以下几方面特点。

一是,从五个评价维度看,各维度之间综合得分率相差不大,表明"上海旅游"品牌发展结构总体上保持比较均衡的状态。

二是,由主观指标构成的维度之间得分率差异要大于由客观指标组成的维度之间得分率的差异。其中,由主观指标构成的旅游质量维度与旅游形象维度位于五个维度的首末两端。尽管两个维度之间得分率差距并不是很大,但是说明受访者对"上海旅游"品牌发展现状的感知存在明显分歧。特别是旅游形象维度指标整体得分率较低,成为制约"上海旅游"品牌现阶段发展的明显短板。

三是,从各维度内部相关指标构成看,不少指标之间得分率有一定差距,存在较大的反差,从一定范围内讲,发展的不平衡性与不充分性问题还是较为严峻,具体可以概括为以下几方面。

市场传播影响力,国内与国外一定程度上失衡,国内优于国际。

传播内容有效力,数量与质量一定程度上失衡,数量优于质量。

市场形象感知力,硬环境形象与软环境形象一定程度上失衡,城市物质硬环境感知度要优于居民友善度软环境感知。

品牌质量感受度,物质设施质量与服务要素质量一定程度上失衡,城市物质设施质量要优于旅游服务要素质量。

品牌市场竞争力,旅游收入水平与旅游贡献水平一定程度上失衡,旅游收入水平与旅游接待力水平要优于旅游收入对城市社会经济发展贡献率水平。

显然,这种不平衡性与不充分性,既是"上海旅游"品牌发展现阶段存在的软肋,又是下一步提升"上海旅游"品牌发展水平与发展质量的着力点。

第四,从单个评价指标得分率看,虽然各个指标得分率之间有一定的差异性,但是从得分率最高的指标与得分率最低的指标两者比较看,彼此之间得分率的差距仅有 0.29 倍。从一定程度上说明构成"上海旅游"品牌建设的基础比较扎实，内部结构比较稳定，各指标要素之间的发展较为平衡。

第五，从上海与北京、广州和深圳的比较看，有以下一些特点。

首先，从 4 座城市旅游品牌发展的现状看，上海的整体发展水平具有一定的领先优势，品牌建设的维度结构相对而言比较平稳，发展基础比较扎实。具体而言，可以发现上海在 4 座城市的比较中呈现"一多一高一低"的可喜现象。

所谓多，是指上海在 4 座城市的 21 个指标得分率排序中获得第一名的数量最多。在 21 个指标的得分率排序中，上海有 10 个指标的得分率名列第一位(其中负面新闻报道数、CPI 两个指标得分率并列第一位)，北京有 6 个(其中 CPI 指标并列第一)，深圳有 4 个，广州有 3 个(其中负面新闻报道数并列第一)。在合计 21 个指标得分率为第一名(其中两个指标为并列第一)的比例中，上海约占 47.62%，北京约占 28.57%，深圳约占 19.05%，广州约占 14.29%。

所谓高，是指上海在 4 座城市的 21 个指标得分率中的均值最高。从 4 座城市 21 个指标得分率的均值统计看，北京为 78.14%，上海为 81.55%，广州为 74.89%，深圳为 72.99%。这里的均值是指每个城市 21 个指标得分率之和除以 21 个指标数所得到的数值。通过各个城市指标得分率的均值，既可以基本判断 4 座城市中各个指标得分率数值相对集中的中心位置，又能够发现 4 座城市在旅游品牌总体发展水平上的差距。显然就目前来说，上海旅游品牌评价指标得分率均值相比于北京、广州和深圳，具有一定的整体性领先优势。

所谓低，是指上海在 4 座城市的 21 个指标得分率排序中位列末位的数量最少。在 21 个指标的得分率排序中，上海有 2 个指标的得分率排名最后一位,北京4个,深圳和广州各有7个。在合计20个指标得分率最低的比例中[①],上海约占10%,北京约占20%,深圳和广州各自约占35%。

显然从"一多一高一低"三个层面讲,"上海旅游"品牌在国内旅游市场角度具有一定的整体发展优势和质量领先优势。

其次,在4座城市的比较中,上海也存在一些需要正视的短板。与此同时,市场关注度与认知度也比较高,但是市场渠道推广力度与市场影响力发挥程度略显薄弱;市场形象辨识度不是十分清晰,在受访者中没有形成十分强烈的印象。

最后,在4座城市中,上海旅游品牌发展的活力与市场潜力都比较高,而且领先优势较为明显,可以比较确定的是,在今后一段时间内"上海旅游"品牌发展依然具有比较稳定的发展优势。当然一个比较薄弱的环节是,旅游业对城市社会经济的综合贡献度弱于其他3座城市。

二、存在问题

(一)旅游资源特色彰显不足,缺乏国际性旅游品牌

国际性旅游品牌是世界著名旅游城市的标志,比如巴黎以奢侈品为支撑的时尚品牌,纽约以大都会博物馆、帝国大厦和联合国总部为支撑的世界城市品牌等。上海虽然一直致力于凸显以都市风光、都市文化和都市商业为依托的都市旅游特色,但在全球性的知名都市旅游资源和世界级的旅游产品方面依旧薄弱。近年来,迪士尼和乐高乐园相继落户上海,与欢乐谷、锦江乐园、海昌海洋公园等国内主题公园品牌形成聚集优势,

---

[①] 因有2个指标的得分率并列第一,所以在4座城市比较中列入第一名排序的指标数在原有21个的基础上,增加2个,变成23个;列入第二名和第四名排序的指标数各减少1个,变成各20个;列入第三名指标数排序的指标数仍旧是21个。

但上海旅游如何更好地利用上海主题公园资源,扩大国际影响力,仍需要进一步探索。

(二)旅游品牌个性不够鲜明,品牌要素缺乏辨识度

一方面,在世界范围内,上海旅游品牌个性和品牌要素仍缺乏辨识度。从旅游品牌传播形象上看,故宫和天安门等是北京千年古都的形象载体,相比较而言,上海在世界范围内的旅游形象不够具体。与"I Love New York"或"好客山东"这样朗朗上口的宣传口号相比,无论是"上海,精彩每一天"还是"中国上海,发现更多·体验更多"等旅游口号在传播范围和市场接受度上均存在一定的差距。另一方面,通过问卷调查发现,品牌Logo、宣传口号和城市宣传片三个指标在22个主观指标中得分率分别排在了第20、19和16位,均处于排名的后半区。进一步对代表品牌要素的3个指标的感知度均值进行分析,发现上海旅游宣传口号与品牌Logo的感知度水平不高,分别为71.52和70.50,均低于上海旅游品牌整体感知水平(77.95)。见表4-1。

表4-1 品牌要素各指标感知度情况

样 本 数		平 均 值	感 知 水 平	排 序
城市宣传片感知	1 039	3.932 3	78.65	1
宣传口号感知	1 039	3.576 0	71.52	2
品牌Logo感知	1 039	3.525 0	70.50	3

(三)文旅平台能级有待提升,辐射能力有待加强

纽约、伦敦和巴黎等城市均拥有诸多文旅节庆平台,聚集了世界的目光。纽约有形形色色的节庆活动,如纽约电影节、格莱美奖颁奖典礼、林肯中心艺术节和纽约市马拉松赛等,这些活动每年都吸引了来自全球各

地的游客参与,世界各地主流媒体均会进行跟踪报道。第44届格莱美颁奖晚会就吸引了全球170个国家的约17亿观众收看,创下了格莱美颁奖晚会收视率的最高纪录。上海虽然也有上海国际电影节、上海旅游节、中国(上海)国际艺术节和上海马拉松赛,但知名度和影响力仍需进一步提升。创办于1990年的上海旅游节至今已举办33届,活动从每年九月的第一个周六开始,历时二十余天,涵盖了观光、休闲、娱乐、文体、会展、美食、购物等几个大类近四十多个项目,是国内规模最大,最具城市影响力的大型旅游节庆活动。但是与巴西狂欢节、美国玫瑰花节等相比,国际影响力仍显不足,节庆平台能级有待提升。

（四）旅游产业效能需要进一步提升,结构有待进一步优化

上海在旅游人次和旅游收入规模总量上具有一定的优势,但存在国内游客和入境游客结构不平衡的问题。2019年,上海共接待国内游客3.61亿人次,增速达到了6.4%;而接待入境过夜旅游者734.69万人次,人数减少了1.0%,国内和入境游客无论是接待人次还是增长率均存在一定差距。2020年受疫情影响,入境旅游几乎停摆,上海入境旅游人次减少了85.7%,仅为128.62万人次,恢复压力巨大。2020年上海国内游客人均消费支出为1 190元,其中购物支出为491元,占比41.26%,与旅游发达国家的60%相差较远,弹性消费比重较低。游客消费结构的失衡,反映了旅游商品、演艺等旅游产品吸引力不足,旅游消费市场潜能不能充分释放。

（五）"质量"有待提高,"软服务"亟待优化

一方面,上海旅游业对经济发展的贡献稍显不足,上海的旅游收入占地区生产总值的比重在北上广深4座城市中排名靠后。从旅游品牌传播角度来看,上海积极开展了微博和抖音等新媒体渠道的旅游营销活动,其中社交媒体博文转发数排名靠前,但传播效果相对一般,在博文点赞数方

面表现不如北京、深圳。在今后的"上海旅游"品牌建设中,要强调旅游产业和活动的质量提升,防止陷入"大而不强"的困境。另一方面,问卷调查结果显示,游客普遍认为"软"环境有进一步提升的空间,主要表现在以下两个方面:一是游客认为上海的居民友善度仍然不够好,在 22 个主观调查指标中居民友善度排名倒数第二,均值仅为 3.39。二是旅游服务质量表现并不突出,服务技巧、服务特色和服务态度等指标排名靠后,影响了来沪游客的旅游体验。"上海旅游"品牌建设应内外兼修,硬件建设和服务提升须"两手抓,两手都要硬"。

（六）"国际"传播渠道明显弱于"国内",有待进一步拓展

从"上海旅游"品牌传播渠道来看,上海旅游的百度指数排名最高,说明网民对上海旅游的关注度很高。此外,上海积极拓展以微博和抖音为代表的新媒体传播渠道,其中"乐游上海"作为上海市文化和旅游局官方微博,粉丝数超过了 400 万,在 4 座城市中排名首位,发挥了很好的宣传推广作用。但是通过比较 4 座城市的谷歌搜索量可以发现,上海落后于其他三个城市,上海旅游在国际市场的热度不够高,国外营销渠道有待进一步拓展,国际营销水平需要进一步加强。

第二节　对　策　建　议

打响"上海旅游"品牌,必须找出自身"独一无二"的优势,从最有资源、最有优势的地方出发,以系统工程思维推进品牌核心价值识别、品牌战略框架制定、品牌推广和维护等品牌战略和行动计划的实施。

（一）"识别第一""提炼唯一",实现"上海旅游"品牌的科学定位

"上海旅游"品牌建设应遵循"品牌二级法则",识别出"高度"上的第一,提炼出"角度"上的唯一。"第一"和"唯一"是"上海旅游"品牌的关键

点,是可持续竞争力的源泉,能否找准角度、找对高度决定了能否"找到第一,做到唯一",也决定了能否打响"上海旅游"品牌。当前阶段,应进一步梳理上海特色旅游资源,继续发挥传统都市旅游资源的优势,激活以上海大世界、上海大剧院等为代表的演艺资源,挖掘以迪士尼、乐高乐园等为代表的主题公园资源,形成上海的"唯一",对"上海旅游"品牌进行科学定位,打造文旅品牌标志。

(二)塑造鲜明的品牌个性,提升"上海旅游"吸引度

"源头"是可持续竞争力的支撑,是"上海旅游"品牌魅力所在,也是品牌个性的根基。"上海旅游"的文化基因和核心竞争力在于都市文化、海派文化、江南文化、红色文化和以主题公园、文化演艺为代表的休闲娱乐文化的多维度动态融合。应进一步梳理海派文化、红色文化和江南文化中的旅游元素,进行系统开发并对场景升级换代,充分挖掘现有资源潜力,进而融入到"上海旅游"品牌中,做好"拉长板、树样板"的工作,彰显上海特色。要兼顾国际和国内市场需求,依托文化基因,紧扣重大题材,推出一系列精品旅游项目,突出"上海旅游"品牌个性,形成可持续性核心竞争力。应进一步发挥以"中国共产党一大·二大·四大纪念馆"为代表的红色资源及海派文化、江南文化的旅游价值,抓住迪士尼、乐高乐园、国际邮轮港等重大项目的建设契机,丰富"上海旅游"品牌个性,提升对亲子游、度假游、会奖游等重点客源群体的吸引力,进而擦亮"上海旅游"品牌的"金字招牌",提升全球影响力。

(三)提升品牌辐射力,强化旅游平台能级

立足于长三角一体化战略的大背景,上海应思考能为长三角文旅品牌建设"带来什么"和"提升什么",牵头组建长三角文旅品牌联盟,发挥长三角的龙头和引领作用,提升"上海旅游"品牌的辐射力。与此同时,上海应利用好上海旅游节、上海国际电影节、中国(上海)国际艺术节和上海马

拉松赛等活动平台,强化平台竞争力和影响力,提升品牌的辐射力。一方面,找准自身特色,优化节事设置,提升游客的参与度和体验感。另一方面,对标国际最高标准,加强对节事活动的宣传推广。如充分发挥粉丝在品牌传播中的作用,积极拓宽营销媒介手段,利用好比如 Facebook、Twitter、Instagram、YouTube 等入境游客使用频率较高的社交媒体平台,加大海外营销渠道的创新力度,吸引和培育偏好记录生活、表达个性的年轻游客群体。

（四）优化旅游产业结构,提升产业效能

打响"上海旅游"品牌,必须依靠高质量发展的旅游产业支撑,亟须进一步优化旅游产业结构。一方面,优化旅游空间布局结构,促进区域协调发展。如浦东新区突出以迪士尼为代表的国家级旅游度假区和小陆家嘴区域双核驱动,黄浦区聚焦以外滩和人民广场为代表的历史风貌特色,虹口区高扬以多伦路文化街为代表的名人文化大旗……各区互相配合、良性互动。此外,紧抓黄浦江"世界会客厅"和苏州河"城市文化生活休闲带"契机,进一步优化上海旅游空间结构,推出一批能够代表上海旅游品牌特质的游线。另一方面,优化旅游产品结构,满足游客个性化需求。根据市场调研发现,应把握当前游客需求特征明确上海旅游产品主题特性,树立"旅游＋"理念,重点关注优质文创产品和特色主题演艺活动,提高产品供给效率。此外,相关部门、旅游企业应同心协力,根据上海旅游文化特质,打造一批独特、高品质的旅游产品,如黄浦江旅游、苏州河旅游、家门口的好去处、海派城市考古等,释放上海旅游产业发展潜能。

（五）寻找与"四大品牌"的耦合机制,实现战略联动

打响"上海旅游"品牌是一个系统性工程,需要坚持政府引导、市场主导,充分发挥多主体作用,立足当前、着眼长远,形成久久为功的长效机制。2017 年,上海提出打响"上海制造""上海文化""上海购物"和"上海服

务"的四大品牌战略,并提出了一系列的专项行动计划,取得了丰硕的阶段性成果。"上海旅游"品牌应主动融入"四大品牌"战略,探寻与其他品牌的"耦合机制",实现五大品牌的联动,形成相互促进、共同繁荣的发展态势。首先,积极打造世界顶级商业地标,推动主题化、情景化、细分化、智能化消费新项目,深化"首发经济"发展,丰富游客的购物活动,增加购物消费比重,优化消费结构。其次,"以文塑旅,以旅彰文",实现"上海文化"和"上海旅游"的深度融合发展。扎根海派文化、江南文化和红色文化等城市文化源头,透过"上海文化"的魅力,打造"上海旅游"的核心竞争力。最后,与"上海服务"深度互动,着力推进上海旅游服务品牌认证。通过不断挖掘"上海服务"的内涵特质,为游客带来不一样的旅游体验,在高品质旅游服务中凸显上海品牌特色,重点提升旅游从业人员综合素质,进一步优化资源要素、主客共享的旅游休闲服务。

（六）加强社交媒体平台维护,提升"上海旅游"品牌国际影响力

通过互联网与新媒体推广,巧妙地将城市形象植入游客内心,推动城市营销走向高潮。首先,进一步加大抖音、微博等新媒体渠道的传播力度,根据游客浏览习惯和内容偏好提高推文（视频）的质量和点赞率,增强旅游新媒体与游客的互动。营销内容要另辟蹊径,打破传统的景点、城市介绍常规,增强故事性、趣味性和互动性,激起游客好奇心和探索欲。其次,掌握好微博、抖音上"武康路大楼""安福路小公主""张园"等网红景点的流量密码,通过一些"好看、好玩、有故事"的地点或人物事件引导游客更好地认识上海旅游,并增强与周边产品的联动,提高网红产品的辐射力和经济附加值。最后,通过影视、纪录片、综艺节目等,全方位展示上海的国际旅游形象,在 Facebook、YouTube、TikTok 等国际主流网站投放上海城市宣传片,具象化表达上海旅游品牌形象,提升上海旅游国际认知度。

第二部分

专题研究

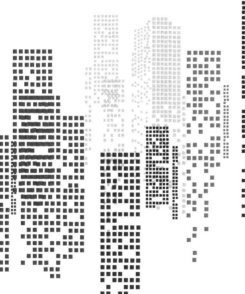
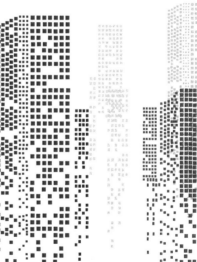

第五章 "上海旅游"品牌构建研究

——基于城市旅游品牌战略维度的思考

第一节 研究背景及研究方法

一、研究背景

（一）高质量发展背景下旅游品牌建设上升新高度

2021 年 12 月 22 日，国务院发布《"十四五"旅游业发展规划》，规划全文多处涉及品牌建设，包括"加强区域旅游品牌和服务整合""着力打造更多体现文化内涵、人文精神的旅游精品，提升中国旅游品牌形象""加强旅游企业品牌建设""强化品牌引领，实施国家旅游宣传推广精品建设工程""孵化一批具有较高传播力和影响力的旅游品牌"、推动"节庆品牌塑造"等具体内容，充分反映了新发展格局下、文化和旅游高质量发展转型的新背景下，旅游品牌建设上升政策高度，其迫切性进一步显现。

（二）文旅需求迭代升级下旅游品牌建设成为必然

随着社会经济的发展和代际消费人群的更迭，文旅消费趋于年轻态、多元化，文旅产业正在从"人口红利"时代迈向"人心红利"时代，大众市场的消费决策不再是简单从众，而是根据自己的兴趣、爱好和品味，做出个性化的选择，从而追求与目的地品牌间的情感共鸣和深层次互动。在此心智时代背景下,旅游品牌的建设至关重要,旅游目的地只有建立独特的文化旅游品牌,将自己的个性做到极致,和消费者达成情感上的连接,才能在旅游市场中保持不可替代和不可移植的地位。

（三）上海城市旅游品牌建设面临新的机遇和挑战

一方面,政策意见的出台为上海旅游品牌建设创造契机。2021 年 4 月,《关于支持浦东新区高水平改革开放打造社会主义现代化建设引领区的意见》发布,意见强调"加快建设上海国际消费中心城市",并在上海"四大品牌"基础上,提出培育"上海旅游"品牌的新任务,以高质量供给适应、引领、创造新需求。2022 年 1 月,上海首次将"打响上海旅游品牌"写入政府工作报告,提出加快建设世界著名旅游城市,打造"浦江游览"世界级旅游精品等内容,从政策层面释放加快推进"上海旅游"品牌建设的信号。

另一方面,步入疫情防控常态化时代,旅游品牌建设对上海城市形象建设至关重要。城市旅游品牌是一个城市对外宣传的重要载体,是一个城市形象的标志之一。上海作为世界观察中国的重要窗口,历来就是国际国内舆论格局的必争之地,如何以城市旅游品牌建设为抓手,塑造大气磅礴、人人出彩的城市形象,展现人民城市温馨亲和的吸引力、凝聚力和辐射气场,有着重要意义。

二、理论基础

（一）旅游品牌研究理论体系

1. 品牌理论

品牌概念最早出现于 20 世纪 50 年代,是市场营销理论的重要组成部分。美国市场营销协会认为,品牌是一种名称、术语、标记、符号或设计,用以识别某类销售者的产品或服务,并使之与竞争对手区别开来。随着认识的不断加深,业界学者从品牌的定义、内涵、构成要素及品牌的使用、品牌的生命周期等各个维度对品牌理论进行了研究。苏勇、陈小平将品牌定义为企业、产品与消费者之间关系的载体;Kotler 认为品牌包含属性、利益、价值、文化、个性、使用者 6 个层面的意义;武丽慧认为品牌不仅是符号,更拥有高于产品的核心价值外延;余明阳将品牌构成要素归纳为名称、视觉标志、标志包装等外在显性要素和承诺、个性、体验等内在隐性要素。

2. 旅游品牌

国内外关于旅游品牌的研究起步较晚,业内学者多沿用品牌理论或从各自领域进行研究,因而界定表述不一,但普遍认为旅游品牌是服务形象和产品的结合。纵观各研究成果,主要集中在旅游品牌概念、旅游形象及旅游品牌形成影响因素、地区旅游品牌化对策建议等方面。例如,马聪玲等认为旅游品牌是一个笼统的说法,包括旅游产品品牌、旅游企业品牌和旅游目的地品牌;张光英将旅游品牌的影响要素归纳为旅游资源、旅游服务、旅游配套服务设施、旅游地文脉等几个方面。

3. 旅游目的地品牌

旅游目的地品牌是品牌理论在区域旅游管理中的应用,是旅游品牌研究的重点关注领域。目前国内外学者对旅游目的地品牌的研究主要集中在内涵解析、构建设计、营销传播等方面。例如,Dunae Kanpp 认为旅游目的地品牌是游客和众多利益相关者对旅游目的地内在印象的积累;Morgan、Pritchard 提出旅游目的地品牌营造应包含市场调研和战略选择、品牌识别系统、视觉传播、品牌修正、品牌监测评估五个步骤;唐瑷琼从目的地品牌识别系统、品牌忠诚度及旅游地品牌管理三个维度阐述了旅游目的地品牌的建设方法。

4. 城市旅游品牌

随着旅游目的地品牌研究的深入,出现了以城市旅游品牌作为特殊的旅游目的地品牌研究的成果,研究内容围绕城市旅游品牌的定义及以某个具体城市为例探讨城市旅游品牌建设的方法和途径。例如,Shworth等提出应该从企业品牌建设的维度来理解城市旅游品牌;Helmy认为城市旅游品牌不仅指积极的城市面貌,更是游客在城市中的一种感受和体验;姚婷婷将城市旅游品牌拆分为可识别标识、旅游体验承诺、核心旅游产品、城市文化底蕴等要素;武丽慧将城市旅游品牌的建设归纳为品牌定位、品牌开发、品牌营销和品牌管理四个环节。

(二)城市旅游品牌构建路径

结合目前旅游品牌研究的理论体系和上海都市旅游发展属性,本研究将"上海旅游"品牌研究界定在城市旅游品牌研究范畴,从城市旅游品牌战略的维度对上海旅游的品牌化建设思路进行探讨。鉴于此,该研究参考了城市旅游品牌建设的研究成果,得到城市旅游品牌构建路径如图5-1所示。

图5-1 城市旅游品牌构建路径

城市旅游品牌构建路径大体上可以分为六个步骤:首先,立足城市资源特质、核心卖点及消费迭代热点,梳理旅游品牌基因,确立品牌定位;其次,围绕城市旅游品牌定位梳理城市鲜明的品牌个性,强化品牌故事构建,传递品牌建设的核心理念,演绎品牌价值;再次,围绕品牌个性及价值等元素,设计城市旅游品牌名称、口号、形象等,并通过视觉标识系统进行传播;然后,在品牌设计基础上,通过品牌产品体系的优化及旅游设施、服务的提升,来强化市场对城市旅游品牌的体验与感知;此外,整合各类渠道、创新内容策划,针对目标市场和目标客群开展城市旅游品牌的营销传播;最后,城市旅游品牌建设作为长期系统工程,还需要通过品牌的关联应用、动态更新及危机管理,来实现后续发展。品牌构建的六个步骤中,品牌定位与品牌价值演绎互为因果,在实际操作过程中,往往糅合在一起进行。

三、研究内容及技术路线

(一)研究内容

以旅游品牌相关理论作为研究基础,借鉴已有的研究成果,梳理了城市旅游品牌建设的主要路径。在此基础上,结合"上海旅游"品牌培育的任务背景,以上海世界级旅游目的地为研究对象,分析了上海城市旅游品牌建设的现状及存在的问题与短板,并深度剖析了国内外知名旅游城市、旅游目的地品牌建设的经验与做法,进而围绕"上海旅游"品牌构建命题,从品牌战略维度提出相关对策及建议。

(二)技术路线

研究采用定性分析与定量分析、理论分析与实证分析相结合的方式,得出相关的研究结论及意见建议。

1. 文献研究法

通过大量的文献资料搜集,梳理品牌、旅游品牌、旅游目的地品牌及城市旅游品牌相关理论,为研究开展奠定基础。

2. 问卷调查法

通过问卷调查、专家访谈等方式,评价上海城市旅游品牌建设现状,剖析上海城市旅游品牌建设存在的问题与短板。

3. 案例分析法

通过材料梳理分析,从实践操作的维度,对国内外知名旅游城市、旅游目的地品牌建设的经验做法,进行归纳总结。

具体研究内容及技术路线如图 5-2 所示。

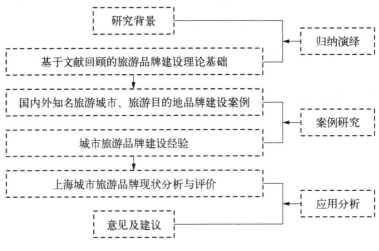

图 5-2　研究内容及技术路线

第二节　国内外知名旅游品牌建设经验分析

在调研背景分析及相关理论体系梳理的基础上,研究按照可对标、可对表的思路,选取了国外的新加坡、纽约、巴黎、东京及国内的重庆、成都、西安、武汉、长沙、香港等 20 余个国内外知名旅游城市、旅游目的地作为研究对象,对城市旅游品牌建设的经验与路径进行了研究。

一、旅游品牌定位及价值理念

（一）新加坡:"心想狮城"

新加坡现有旅游品牌定位为"心想狮城"(Passion Made Possible),创新了从"向游客推荐景点景区"转变为"与游客建立情感共鸣"的新品牌思路。

一方面，"心想狮城"挖掘了新加坡"生机之城、热忱乐园"的旅游品牌基因。品牌概念源自"新加坡是一座心怀热忱、充满自信的城市，难以置信的体验分布在城市的不同角落"的整体气质，既阐明新加坡历经磨难依然充满生机的历史，又突出新加坡汇聚文化艺术、美酒佳肴等，是热忱汇聚之地的特征。另一方面，"心想狮城"承袭"心想事成"的吉祥寓意，寓意游客的心之所想和心之所向都可以在新加坡成为现实，顺应游客想在旅行中寻求心灵契合、价值认同的需求变化。

（二）新西兰：100％ PURE NEW ZEALAND

新西兰旅游品牌定位为"100％ pure new zealand"，是 1999 年新西兰旅游局推出的面向全球旅游推广营销品牌，在 2011 年又尝试推出了新一轮营销品牌"100％ pure you"，在提炼极美风光的感性表达的基础上，尝试融入个性化的情感营销创意。

根据国外学者 Mogan 的相关论述，"100％ pure"同时蕴含了"纯净"和"自由"的双重含义。"100％ pure"既是对新西兰优质自然生态资源的特征概括和气质凝练，同时又传递出新西兰"新太平洋自由"——一个探险地和太平洋边上的探险新文化的价值内涵。为保持新西兰"100％ pure"旅游品牌对消费者的吸引力和新西兰在全球旅行市场中的生命周期，新西兰旅游局延续"100％ pure"品牌脉络，加入了"you"的概念，通过强调游客的个性化体验，将游客的独特经历置于宣传的核心，推动旅游品牌情感内涵升级。

（三）成都：雪山下的公园城市·烟火里的幸福成都

近年来，成都确立了以"雪山下的公园城市·烟火里的幸福成都"为统领的城市旅游新品牌，将城市形态的整体表达与城市的生活方式主张进行了完美融合。

"雪山下的公园城市"描述了成都远处有雪山、近处是公园的区域及资源条件,是对城市形态的整体表达;"烟火里的幸福成都","烟火"代表城市的商贸和经济繁荣程度,又是当下生活方式回归趋势下,成都市民懂得享受生活、成都"慢生活"节奏内核的延续,同时,烟火气里的幸福生活,更能使游客很好地感受到身置成都的归属感。

(四)重庆:重庆,非去不可

重庆从 2011 年开始,在全球范围内宣传城市旅游品牌"重庆,非去不可",以开放式的想象空间和网红化的打造路径,引发年轻群体的同频共振。

"重庆,非去不可"的品牌定位,既带来了"非去不可"的"巴"望冲击,又孕育着"非去不可"的"渝"味无穷,定位中强势的个性因素描绘、第三视角的传播口号、开放的演绎理解空间,易于记忆和引出延伸性话题,从而引发受众强烈的心理神往和冲动。与此同时,近年来,重庆在"非去不可"品牌基础上,利用抖音等新媒体元素,以轻轨、山城构造、美食等"非去不可"的重庆品牌和特色,冲击年轻人群心神,形成了良好的口碑效应。

二、旅游品牌展示

(一)新加坡:SG&"萌小狮"(Merli)

2017 年起,新加坡围绕"心想狮城"旅游品牌定位,形成了以"SG"Logo 和吉祥物"萌小狮"(Merli)为代表的品牌视觉系统(见图 5-3),并进行了相关符号的推广应用。

图 5-3　新加坡旅游品牌 Logo 及吉祥物

一方面,新加坡旅游局和经济发展局以新加坡的英文缩写"SG"为核心元素,联合推出"心想狮城"品牌 Logo,并形成不同组合方式的英文版 Logo 及专门的中文版 Logo,在新加坡旅游官方网站及国际国内营销和路演活动中进行使用,譬如首届中国国际进口博览会期间,新加坡国家展馆就采用了该品牌符号。另一方面,新加坡旅游局根据鱼尾狮形象设计出"萌小狮"(Merli)吉祥物,与"心想狮城"品牌联动开展全球宣传活动,并通过免费贴纸、萌小狮联动本地吉祥物系列主题邮票等方式,强化品牌符号的市场输出。

(二)巴黎:Paris 叠加埃菲尔铁塔联想

巴黎作为法兰西共和国的首都,是全世界公认的"文化历史悠久的浪漫之都",2019 年,巴黎市政府利用视觉形象设计,推动城市旅游品牌的升级。

如图 5 - 4 所示,巴黎从城市所代表的"自豪、美丽、优雅、浪漫、多元"等内涵出发,以巴黎城市的英文名及埃菲尔铁塔城市标识为核心元素,通过字体变形,将字母 A 与人们对埃菲尔铁塔的联想相结合,以展现城市的天际线。新的 Logo 被应用于巴黎旅游局总办公室店铺形象、巴黎旅游局宣传页、巴黎旅游地图、巴黎最新动态潮流封面等多元场景。此外,巴黎还应用新 Logo 设计"Passlib"(官方通行证、巴黎通票),passlib 可用于前往巴黎和法兰西岛的 50 多个博物馆和古迹,且允许游客凭无限制门票自由旅游,并配套口袋书,为游客提供需要了解的所有有用信息。

图 5 - 4 法国巴黎旅游品牌 Logo 及通行证应用

（三）首尔:"I SEOUL U"的物化展示

韩国首尔围绕"I SEOUL U"的城市旅游品牌定位,以字体演变的方式设计城市旅游 Logo(见图 5-5),并与景观、活动等形成联动。

I·SEOUL·U
너와 나의 서울

图 5-5　韩国首尔旅游品牌 Logo

首尔通过字体设计来体现"I SEOUL U"的城市旅游品牌形象,全套共有两个系列,一种是黑体,一种是宋体,并定了两个"首尔颜色",一个是"丹川红",象征着健康与和平,另一个是"汉江银",象征着韩国人传统服饰和首尔山脉花岗岩的颜色。此外,"I SEOUL U"的背景设计还可变为多语种,针对不同国家和地区的受众进行变化。与此同时,首尔以此 Logo 为原型在市内多个地标建筑前设立大型雕塑,将此 Logo 标识植入各大街道景观、旅游推广的社交网站及各类城市品牌论坛、演唱会等相关线上线下活动中。

（四）杭州:"杭"字结合江南文化元素

杭州拥有"上有天堂、下有苏杭""东方休闲之都"等众多美誉,旅游发展围绕诗意、休闲、宜居等关键词展开,旅游品牌 Logo 与城市形象标识一脉相承,并与城市经典口号进行结合。

杭州城市旅游 Logo 与杭州城标设计保持一致(见图 5-6),由篆书"杭"字演变而来,标志整体似航船,"杭"字古意即为"方舟""船",反映了杭州得名取自"大禹舍舟登陆"的历史典故,体现杭州作为历史文化名城的底蕴,并结合航船、城郭、建筑、园林、三潭印月等文化旅游元素进行呈现。此外,Logo 在"杭"标志外,还叠加了"最忆是杭州"这一耳熟能详的经典口号,与城市的文化形象相呼应,同时在此基础上,以杭州城市气质为核心,充分考虑英语语言习惯及美感表达方式,提出"Hangzhou,Living Poetry"英文口号,形成中英文版宣传 Logo,广泛应用于杭州旅游海内外宣传推广。

图 5-6 杭州旅游品牌 Logo 中英文版本

三、旅游品牌建设

（一）新加坡：七大"激情部落"主题产品及定制服务

围绕"心想狮城"这一新的旅游品牌,新加坡着眼品牌强调的"游客心之所想和心之所向"价值理念,以个性定制的思路进行产品演绎,并提升相关品牌服务。

一方面,新加坡立足"心想狮城"品牌,从游客的生活方式、兴趣和旅行动机等出发,创造性地提出了包括"美食主义者""城市探索者""精品收藏家""极限挑战者""狂欢发烧友""文化爱好者""创新进取者"在内的七大"激情部落"(Passion Tribes),以品牌的信息相关性为基础,构建极具个性的旅游产品谱系。另一方面,围绕"心想狮城"价值理念,定制化升级相关旅游服务体验,如联合阿里推出"心想狮城卡"高级旅行目的地权益卡,让游客能集成享受新加坡十大优质商场和度假中心的顶级会员待遇。

（二）香港：城市再发现下的多元化旅游产品组合

香港定位"动感之都，亚洲盛事之都"，一直以来都是潮流前沿的象征，拥有时尚多元的品牌个性，陆续推出"尽享·最香港""旅游，就在香港"等特色品牌计划，并从公众再探索的视角，围绕城市品牌个性进行产品组合升级。

近年来，香港立足新常态背景，围绕全新的旅游特色及游客视角，从城市多元时尚的品牌基因出发，构建了包含热门景点、美食飨宴、好买好逛、户外探索、本地文化、文艺创意、街区漫游、邮轮旅行等在内的旅游产品组合。同时，针对疫情影响下的新情况，香港旅游发展局将本地市场作为旅游复苏的起点，推出"维港迷景""探索文化""身心洗涤""尽兴狂欢""寻觅美味""潮买潮玩"等主题产品；并聚焦 20 多个主要客源地市场，特别是新加坡、印度尼西亚、马来西亚、泰国、菲律宾、越南等短途市场推出香港美食、维港景色、街道景致等系列主题产品，鼓励从公众视角重新探索香港。

（三）西安：聚焦品牌定位的重量级文旅 IP 产品开发

2020 年，西安推出了全新的旅游品牌"千年古都·常来长安"，并聚焦华夏之根和千年古都的文化韵味，创新开发一系列 IP 型文旅产品，以文化品牌推动旅游"出圈"。

过去几年，西安围绕"千年古都·常来长安"的品牌定位，形成了包含《长恨歌》《再回长安》《梦回大唐》系列等在内的古都文化演出，孵化了全国首个 24 小时不间断大型城市秀活动 IP"十二时辰长安秀"，打造了全国首个沉浸式唐风市井 IP 生活街区"长安十二时辰"，培育了"西安年·最中国"本地文化活动 IP，通过品牌项目的研发打造，逐渐强化了西安全新文化旅游品牌的市场认知。

（四）成都："1＋7"的文化旅游品牌矩阵

成都以"雪山下的公园城市·烟火里的幸福成都"城市旅游品牌为总揽，结合城市最具识别度的文化旅游标识，构建"1＋7"城市旅游品牌矩阵。

"1＋7"城市旅游品牌矩阵中，"1"是整体城市旅游品牌，"7"是指大熊猫、古蜀文化、三国文化、诗歌文化、休闲文化、美食文化、时尚文化这7个彰显成都文化旅游特质的子品牌体系。其中，聚焦"熊猫城市"形象，积极发展以大熊猫文化为主的文化产业，打造世界遗产旅游品牌；整合金沙遗址与三星堆遗址，打造古蜀文化品牌；以武侯祠和锦里为核心，打造三国文化品牌；围绕成都国际诗歌周及各类诗歌"地标"，打造诗歌文化品牌；深度挖掘宽窄巷子、锦里、一品天下、春熙路等特色旅游街区及已有的特色美食街区，持续优化休闲文化、美食文化旅游品牌；结合赛事、会展、音乐等新发展元素，打造时尚文化旅游品牌。

四、旅游品牌营销

（一）新加坡：Passion品牌的全方位、系统性阐述

"心想狮城"旅游品牌推出后，新加坡旅游局在全球20多个市场开展了一系列passion品牌塑造活动，一定程度上推动了品牌知名度和影响力的提升。

一是借势头部企业布局品牌战略，与携程合作推出全球营销活动，利用平台多维度讲述新加坡的热忱故事；与迪士尼建立为期三年的合作伙伴关系，在新加坡共同举办活动。二是通过本土叙事讲述品牌故事，在我国内地发布"新享家"培训计划，通过"热忱社"的评选，激发中国各旅行社对新加坡旅行产品的展示热情；在我国香港地区开展本土化推广活动，与香港知名生活方式达人KOL等合作，制作视频内容，开展"心想狮城"的

品牌分享;在新加坡本土推出"重新探索新加坡"及新加坡本地故事创作等主题活动。三是顺应数智需求发力线上营销,新加坡旅游局与国家艺术委员会合作拍摄舞蹈三部曲微电影,以"地标舞蹈＋短视频"的方式传播"心想狮城"主题;携手抖音以"Dou出新潮范、约会新加坡"为主题开展线上主题活动;携手中国本土高端橱柜品牌欧派橱柜,以美食为载体,打造惊喜直播夜。四是借助趋势热点创新跨界玩法,与美国AR技术公司Niantic合作,通过手机游戏定位,让游客重新探索新加坡;以日本超人奥特曼的IP形象为旅游形象大使,并在日本推出《奥特曼——新加坡的新力量》系列旅游宣传短片。

(二)东京:传统方式与创新艺术的融合宣推

东京作为国际大都市,以传统与创新共存的独特城市魅力著称,在城市旅游品牌及形象推广方面,也呈现出明显的"传统遇见创新"的特点。

传统方面,一是设立专门推广机构,由东京地方性质的旅游推广机构"东京会议及旅游局"(又称"东京观光财团"),全面负责东京旅游的各类推广宣传活动;二是持续开展节会推介,每年推出三社祭、"Premium Yosakoi in 东京"夏日祭等四季庆典活动,并在中国市场陆续推出2019年度东京旅游推广说明会、2022年东京旅游推广说明会等推介活动。

创新方面,一是联动国际大事和品牌头部进行云端发力,利用迎接2020东京奥运会契机,围绕"Tokyo Tokyo"新城市标识推出创意城市短片"Old Meets New",与途牛旅游网联合推出"魅力东京,传统与革新"专场直播,赢得盛赞;二是结合目的地市场激活本土传播话语权,在中国举办2018东京旅游线路设计大赛、2019东京品牌宣传线路有奖竞赛,2019年联手中国70家出境社组建"东京观光助威团",举办在日华人自媒体培训讲座,利用中国本土旅行社及在日自媒体人(华人)资源开展促销与宣传活动。

（三）武汉："英雄之城"引发的品牌逆袭出圈

武汉近年来的城市旅游宣推围绕"大江大湖大武汉"品牌开展,宣推的渠道模式与国内其他城市大同小异,但以 2020 年为分水岭,出现了一些新的亮点。

2020 年前,武汉的城市旅游宣推举措主要集中在发布宣传片、设立宣推机构、借力国际盛事、开展节会推介、联动头部企业等方面。例如,发布大型文献纪录片《大武汉》、武汉旅游形象宣传片《浓情武汉》;在东京、巴黎、莫斯科、旧金山等地设立武汉海外推广中心;借军运会契机在军运村设立武汉旅游服务中心;在北京举办"百年·在此"武汉旅游推介会;与途牛、去哪儿等头部企业合作营销武汉旅游等。

疫情后,武汉在"大江大河大武汉"的定位基础上,结合"英雄之城"的新认知,进行了城市旅游营销的创新与升级。一是将感恩、重聚等元素融入宣推内容,以相聚为主题推出城市旅游宣传片《相见在武汉》,以感恩为主题制作致敬援汉医疗队员的 32 张城市地标海报,开展"与爱同行、惠游湖北""感恩有您、邀游江城"等主题活动。二是借助国家公信渠道重塑旅游形象,在央视推出"云游·春光中的武汉"直播活动,宣传片《相见在武汉》获央媒及布鲁塞尔中国文化中心转发传播,于首届中国（武汉）文化旅游博览会期间举办"湖北·武汉之夜"专场推介会等,利用国家公信渠道的支持,展示武汉新形象。三是联动新媒体开展樱花 IP 柔性传播,利用小红书平台发起"我为武汉画樱花""暖心樱花季"的主题活动,举办"相约春天赏樱花"2022 武汉赏樱全媒体大直播等,以相约英雄之城看樱花的意境,为城市文旅形象注入柔性传播。

（四）西安：极致文化品牌与年轻力营销的结合

西安是历史文化名城,是十三朝古都,近年来通过抖音短视频走红,一度被誉为"抖音之城",城市旅游营销的成功与旅游品牌的持续演绎、年轻群体的对焦营销密切相关。

宣推内容上,不断强化输出"长安"品牌符号和内涵。围绕"千年古都·常来长安"的品牌定位,发布《常来长安》MV、《春到长安——千年古都 常来长安》主题宣传海报,推出"西安年·最中国""我在西安过大年""长安夜·我的夜""千年古都·常来长安——游十三朝古都,看十四运盛会"等系列文旅宣推活动,通过平面展示、嫁接热点等方式,对"长安"符号进行不断地输出和延伸演绎。宣推模式上,以抖音为核心载体进行持续的网红营销,与抖音平台深度合作,推出"摔碗酒""毛笔酥""不倒翁小姐姐"等西安民俗文化相关的热门视频,举办"从西安出发,向全世界讲好中国故事"发布会,通过定制城市主题挑战、抖音达人深度体验、抖音版城市短片等助力西安旅游城市的打造;在社交媒体引爆"西安年·最中国"以及"欢乐中国西安年"等话题;陕西历史博物馆联合抖音推出"第一届文物戏精大会",引爆年轻人聚集的B站等,以网感引爆流量。

五、旅游品牌管理

(一)新加坡:品牌的动态更新管理及应用

从现有资料来看,新加坡旅游品牌的动态更新机制较为成熟,品牌的关联应用也在逐步出现。

一方面,新加坡旅游品牌保持着约十年一次的更迭节奏。从20世纪60、70年代"一站式亚洲",20世80年代"无限惊喜新加坡",20世纪90年代"新亚洲、新加坡",2004年"非常新加坡",2010年"我行由我 新加坡"到2017年全新旅游品牌"心想狮城",新加坡旅游品牌随着国家旅游战略的演变和市场需求的变化,持续更新,尤其可以看到2004年后,新加坡各阶段旅游品牌蕴含的"非同寻常体验""定制化的期待和体验""心中所想,在这里成真"等内涵,脉络的延续性和理念的传承性明显增强;此外,"心想狮城"品牌发布后,新加坡还聚焦疫情特殊时期,延伸新的品牌概念"随心所往,心想狮城"(Singapo Reimagine),利用微电影、短视频等方式,从重新构想安全、科技、旅游体验等方面进行品牌"种草"。

另一方面,围绕"心想狮城"形象、Logo及吉祥物等开展品牌关联应用。如联合凯撒旅游,在北京开设新加坡主题体验店,店铺启用"心想狮城"品牌并采用代言人孙燕姿拍摄的全新形象;聚焦"萌小狮"吉祥物形象,推出新加坡原创卡通系列动画《萌小狮奇遇记》,与凯撒旅游以"文创联名饮品"的方式推出联名款椰汁等。

(二)新西兰:以国家品牌为导向的管理逻辑

新西兰多年来一直围绕"100% pure new zealand"进行旅游品牌打造,品牌具有良好的延续性,其品牌发展聚焦信服力和情感力的提升,正在成为国家品牌的重要一环。

近年来,新西兰旅游体验的重点从自然风光转移到"人与自然互动并享受户外运动",不再局限于纯净绿色自然的形象,而是更关注纯净的新西兰文化的概念,赋予该品牌更高层次的意义。"Pure"的概念不再仅仅局限于旅游业,新西兰的各种对外出口品都可以搭上"100% Pure"的顺风车,乳制品、服务贸易以及各类需要在全球市场进行营销的产品,都可以用"100% Pure"这个具有信服力以及情感打动力的品牌进行情感宣传,让旅游品牌进阶为国家品牌的重要一环。

(三)阿姆斯特丹:旅游品牌的资产化管理

阿姆斯特丹被公认为是在城市及大都市地区旅游营销方面具有标杆性的目的地,在目的地品牌化建设和品牌资产管理方面成绩斐然,围绕"I Amsterdam"旅游品牌定位,以商业运作和危机管理的思路,创新了目的地品牌资产管理的新路径。

一方面开展公私合作,以商业化运作模式开展旅游营销推广。组建了由阿姆斯特丹市长、企业代表、学术界代表、市旅游与会议局、市文化局及市港口协会等非营利性组织在内的营销平台——阿姆斯特丹合作伙伴机构,针对不同目标市场实施不同的推广策略,确保了对外沟通的一致性和协同性,有效加强了阿姆斯特丹的旅游整体宣传推广效果。

另一方面开展目的地品牌资产的动态监测与调整。以阿姆斯特丹合作机构为主体,从旅游体验感知的维度出发,对目的地的配套设施、游客人流规模、文化精神风貌等进行动态的监测与调整。针对游客超载、旅游体验降级等问题,陆续推出"打击有组织犯罪、重塑旅游城市新形象"计划、"城市平衡"项目实验、"高质量旅游计划"以及以"可持续生活"为主题的智慧城市建设项目。

(四)长沙:城市旅游品牌与产业品牌的协同

长沙作为我国中部文娱重地,其"山水洲城、快乐长沙"的旅游品牌定位,与城市特质一脉相承,目前对于城市旅游品牌管理尚未形成明确的路径,但旅游品牌与城市产业品牌的协同趋势明显。

长沙从 2013 年开始就布局千亿旅游产业,定位"快乐长沙",目前已经成为国内高举"快乐"大旗的消费之都、娱乐之都,"快乐长沙"的品牌内涵扩展到泛文化旅游领域,例如,雅俗共赏的长沙歌厅、长沙娱乐生活、长沙酒吧、街头文化等将长沙消费文化的主旋律定位在"将快乐进行到底";植根于长沙市井生活的"影视湘军"从长沙人的消费生活方式之中挖掘出"快乐中国"的品牌秘籍。城市旅游品牌的建设与城市文化娱乐创意产业的品牌打造协同推进。

六、经验结论总结

综合来看,国内外旅游城市及目的地旅游品牌的建设经验,主要集中在以下几个方面。

一是旅游品牌定位及价值上升"心流认同"。心智时代背景下,旅游品牌理念从传统的产品阐述、功能阐述维度上升到与游客对话交流、触碰游客心灵敏感点的情感营销阶段。

二是旅游品牌展示侧重"符号物化"。主要通过品牌 Logo 设计、Logo 景观塑造、吉祥物设计、吉祥物景观塑造以及 Logo 和吉祥物等品牌符号关联产品的视觉输出,来不断强化市场对于品牌的认知。

三是旅游品牌建设聚焦"品牌统筹"。作为旅游品牌最重要的内容支撑,旅游产品和服务建设需要与品牌定位保持一致。从各方经验来看,目前主要形成了以旅游品牌为统领、以子品牌产品矩阵或品牌 IP 产品组合为核心、以品牌定制及管理服务为支撑的建设路径。

四是旅游品牌传播呈现"延续创新"。结合国内外实践来看,城市旅游品牌的营销传播较为成熟,形成"同一个品牌故事"+"线上线下两类渠道"+"下沉本土、借力巨头、捆绑大事、节庆引爆、跨界连接、分众传达"等诸多玩法相结合的旅游宣推模式。

五是旅游品牌管理强调"资产思维"。目前相对比较成熟且成功的做法主要集中在构建品牌滚动更新机制、创新品牌符号关联应用、进阶城市产业品牌发展、推动旅游品牌商业运作等方面。

第三节 上海城市旅游品牌发展现状

一、上海城市旅游品牌演变历程

结合上海旅游发展的进程来看,上海城市旅游品牌定位经历了不断更新的过程,主要经历了以下阶段,见表 5-1。

表 5 - 1 上海城市旅游品牌发展阶段

阶　　段	定　位	内　　　容
1949 年以前	冒险家的乐园	这一时期,上海作为中西方文化的交汇点,城市旅游品牌处于无意识形成阶段
1949—1978 年	购物天堂	南京东路的百货吸引国内外游客趋之若鹜,这一时期,城市旅游品牌仍处于无意识形成阶段
1978—1995 年	—	扮演"旅游中转站"角色,游客大多将上海作为去往华东和全国的中转站,游客停留时间很短
1995—2010 年	上海,精彩每一天	明确"都市旅游"的发展定位,并在定位基础上,提出了"上海,精彩每一天"旅游口号,旅游品牌在国内外获得了较为广泛的认同
2010 年至今	中国上海,发现更多·体验更多	确立了世界著名旅游城市的发展定位,在传承"上海,精彩每一天"核心理念的基础上,提出了"中国上海,发现更多·体验更多"的品牌定位

二、上海城市旅游品牌发展现状

(一)旅游品牌定位及价值理念

上海现有旅游品牌定位为"中国上海,发现更多·体验更多",是"上海,精彩每一天"核心理念的延伸,是城市"精彩"内涵的升级解读。

从资源意向看,"发现更多·体验更多"是对上海"海纳百川"城市精神的高度凝练,是对上海"海纳百川、五方杂处、中西融汇"的精彩发展底蕴的总体概括。从市场情感看,"发现更多·体验更多"可以满足不同消费群体的情感联想,向市场传递上海是个"万花筒"般的城市,游客可以在上海感受到时尚、刺激、激情、浪漫和动感等多重精彩。

(二)旅游品牌符号设计

上海旅游品牌标识以蓝色的中国古典纹饰"海水"为底色、墨色的中

国书法草体"上海"、蓝色的英文字母
"Shanghai",配以宣传口号"中国上海,发现
更多·体验更多",如图5-7所示。蓝色代
表了上海"海纳百川"的城市精神,橙色则表
现了城市的活力、激情、时尚和欢乐,与"发
现"和"体验"的提法相吻合。品牌Logo目前
主要以视觉形象的方式,应用于旅游官网平台
及官方旅游宣传片、宣传手册、海报等场景。

图5-7 上海旅游品牌
Logo

（三）旅游产品体系

目前上海已经基本形成都市休闲、红色旅游、商务会奖、滨水游憩、郊
野休闲、节庆旅游、主题游乐等为主的旅游产品体系。

都市休闲主要包含特色街区、标志性景观、时尚购物、主题游乐等相关
内容,拥有南京路、多伦路文化名人街、淮海路风貌街、衡复风貌区及东方明
珠、环球金融中心、外滩、城隍庙等众多风情街区和时尚地标,在此基础上
近年来还孵化了"建筑可阅读""海派城市考古"等都市旅游体验品牌。

红色旅游方面形成了以"中国共产党一大·二大·四大纪念馆"为核
心的产品体系,并为庆祝建党百年,推出了建党百年上海红色旅游主题精
品线路。

商务会奖旅游是上海都市旅游的重要内容,高星级酒店规模位居全
国前列,在全市范围内形成了包括陆家嘴金融贸易区、虹桥国际中央商务
区、漕河泾高新科技产业服务区、长风生态商务区等多个商务区。

滨水游憩主要以城市滨水游憩休闲和临海、临江型观光度假为主,逐
步打造了苏州河水岸观光游憩、黄浦江世界级滨水文化旅游等重量级产
品,并沿海、沿长江开发了滨海滩涂体验、运动疗养等相关特色产品。

郊野休闲主要以郊区郊野公园、特色村镇、农林风光体验、民宿休闲、

生态度假村等为主,形成了包括崇明生态旅游岛、青西郊野公园、嘉北郊野公园、奉贤吴房村等在内的特色旅游产品。

节庆旅游是上海都市旅游发展的重要特色,目前已形成了上海旅游节、五五购物节、上海国际艺术节、上海电影节、上海市民文化节等一系列成熟的文旅节庆活动。

主题游乐是上海都市旅游的一大亮点,近年来在迪士尼乐园和佘山欢乐谷基础上,逐步引入了《不眠之夜》、"焕光森林·东方曦望"等沉浸式文娱体验项目,同时金山乐高乐园度假区也在建设当中。

(四)城市旅游营销传播

作为国际都市和向世界输出中国形象的重要窗口,上海在城市文旅宣推方面积累了一定的经验与做法。

(1)构建海内外新媒体营销矩阵。国内以"乐游上海"为统一官方用户名,在微博、微信社交媒体、百家号、微信视频号、抖音等多个新媒体平台同步发放信息,进行新媒体推广。国外层面,除了上海官方国际版旅游网站,上海还在Facebook、Twitter、Instagram、YouTube等国际社交媒体上设立官方账号,进行上海文旅海外社交媒体营销推广。

(2)聚合全球节展赛会营销资源。国际层面,积极参加全球主要的旅游展会和论坛,如德国柏林国际旅游交易会、英国世界旅游交易会等,保持与全球旅游业的密切交流和对接,不断提升上海在全球旅游目的地中的知名度和影响力;国内层面,积极打造国内知名文旅节庆、展览会议平台,包括上海旅游节、上海旅游产业博览会、"四季上海"文旅信息发布平台等,进一步整合和推广上海旅游资源。与此同时,还创新了"上海会议大使"推广工作机制。

(3)联动海内外机构企业合作宣推。与国际大会及会议协会、亚太旅游协会等国际组织和行业协会以及"一带一路"沿线政府旅游主管机构建立对话交流机制;采用"请进来"策略,定期邀请各国旅行商来沪踩线;利用驻外使领馆、境内外品牌酒店管理集团、航空公司等机构网点,加强上海旅游宣传资料和资讯的全球推广。此外,还陆续与腾讯、网易等互联网平台以及携程、驴妈妈等线上旅游平台合作,进行广告投放和活动策划。

三、上海城市旅游品牌发展评估

立足上海城市旅游发展现状及品牌的演变历程,结合个案调研(发放问卷 377 份,回收有效问卷 350 份)、专家访谈(文旅机构及高校专家 40 名)得到的反馈信息来看,上海城市旅游品牌虽然在国内外已有一定知名度和市场接受度,但城市旅游品牌建设作为庞大的系统工程,还存在着一些"短板"。

(一)城市旅游品牌具备较高的知名度和接受度

从访谈结果看,上海及外省市文旅高校和企业机构的专家,对上海城市旅游品牌均比较认可,以满分 10 分的标准计算,专家评分达 7.6 分;从个案调研来看(见图 5 - 8),80.2%的受访者听说过"上海,精彩每一天""发现更多·体验更多"等上海旅游品牌,有超过 50%的受访者认为,上海

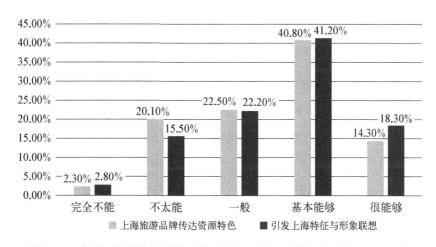

图 5-8 有关上海旅游品牌传达资源特色、引发上海特征与形象联想的评价

城市旅游品牌能够传达上海旅游资源特色,很能引发上海特征与形象联想。

(二)城市旅游品牌的市场表达有待统一

官方层面,从国内市场看,上海自 1995 年至今,正式推出过"上海,精彩每一天""中国上海,发现更多·体验更多"两个品牌口号,并聚焦这两个主题策划了各类文旅宣推活动,推出了系列文旅产品。在品牌更迭过程中,也曾临时性、短暂性使用过"大上海、大世界""时尚之都、魔力上海"等口号表达,但总体上品牌的统一性和延续性特征较为明显;从国际市场看,国际游客在线访谈结果显示,他们感知到的上海核心旅游形象主要集中在"A city of future""Discover a new day of life""Diverse"等方面,与上海城市的"发现·体验"气质较为吻合。同时,出于外宣口径一致的考虑,上海在国际宣推中也曾部分使用过市外宣办"Shanghai,Let's meet!"的口号表达。

市场层面,各类文旅相关的市场主体、新媒体平台、社交媒体账号等,在宣传或推介上海旅游的过程中,往往会使用"魔都""夜上海""越夜越精彩""中国未来城市"等意象符号,譬如近年 YouTube 自媒体博主发布的上海旅游推广视频的关键词就主要集中在"夜上海""南京路步行街""中国未来城市"等词条上,虽然这些表达一定程度体现了上海都市旅游的丰富内涵,但也带来了品牌杂音,造成了城市整体旅游品牌记忆的混乱。

(三)城市旅游品牌关联的旅游体验有待升级

自"中国上海,发现更多·体验更多"品牌确立以来,上海围绕该品牌主题,陆续推出了"发现新上海""体验新上海"、城市深度游"发现之旅"等品牌关联性旅游产品,研发了"发现更多·体验更多"系列文创产品,但随着消费人群代际更迭和新业态、新需求的出现,游客的体验感知一定程度上与"发现更多·体验更多"满足不同消费群体情感联想的品牌理念之间出现了落差。个案调研数据(见图 5－9)显示,93％的受访者认为上海很有名气,81.4％的受访者认为上海有好的口碑和知名度,但认为"上海旅游符合自我偏好""上海旅游体现自我价值""上海旅游拥有不同于其他城市的个性"的受访者的比例分别为76.8％、68.6％、73.8％,旅游情感认同程度较城市整体知名度相对偏低,产品体验与品牌定位之间存在落差,有待进一步优化升级。

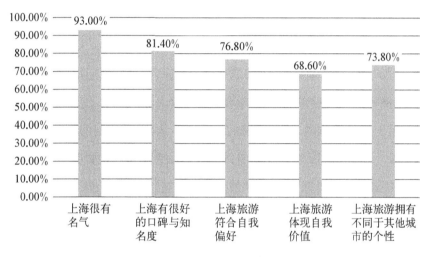

图 5－9　上海旅游品牌认知与体验感知评价

(四)城市旅游品牌的应用推广机制有待成熟完善

上海虽然已经形成较为系统的城市旅游宣推渠道和模式,但就城市旅游品牌而言,其推广与应用有待进一步完善。上海历年来围绕品牌主题推出了诸如"发现更多·体验更多"微游上海、五五购物节"发现更多,体验更多"文旅主题活动、"发现更多 体验更多 四季上海"文旅主题推介会等一系列文旅宣传活动,品牌影响已有较大的覆盖,但品牌的应用还主要集中在品牌名称和 Logo 的平面展示应用方面。与此同时,从各区文旅宣推内容来看,"发现更多·体验更多"品牌的使用频率还不高,品牌的下沉融入还有待强化。

第四节 上海城市旅游品牌
构建对策及建议

从上海城市旅游发展历程及市场对于上海城市旅游品牌的认知程度来看,现有"中国上海,发现更多·体验更多"旅游品牌定位,一方面既符合旅游品牌趋于"心流认同"的情感联想发展趋势,且拥有一定规模的受众基础和市场接受度,另一方面延续了"上海,精彩每一天"的精彩理念内涵,又与"塑造城市品牌形象,增强全球叙事能力,更好地向世界讲好中国故事、演绎上海精彩"的城市目标愿景相吻合。

鉴于此,结合国内外旅游品牌的建设经验,从城市旅游目的地品牌战略维度来看,"上海旅游"品牌的构建,宜继续紧扣"发现更多·体验更多"的品牌定位,并从情感力、形象力、支持力、营销力、发展力五个方面系统推进(见图5-10)。

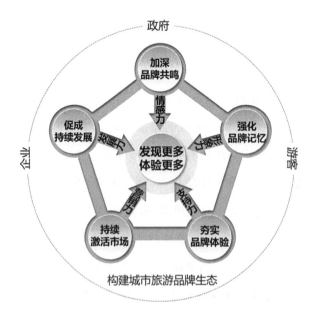

图5-10 上海城市旅游品牌构建"五力"路径

一、情感力维度

（一）加强城市旅游品牌的统一性塑造与管理

针对目前上海城市旅游品牌宣传中，政府、企业口径存在的落差，各类文旅宣推活动中新口号、新表达频出的情况，不断加强品牌的一致性管理。将"Shanghai，Let's meet！""时尚之都、魔力上海"等宣推主题，"最上海、苏州河""喜欢上海的理由""乐游系列假日文旅"等宣推活动以及"乐游上海""四季上海"等宣推平台，通过品牌联名、文字嫁接、内涵联动等方式，融入到"中国上海，发现更多·体验更多"的品牌框架中，形成诸如"发现·体验，乐游上海""发现·体验，最上海"等具有延续性的品牌主题，以系统性、统一性的品牌表达，加深市场的统一认知。

（二）以新时代内涵赋能城市旅游品牌概念延伸

结合上海"主客共享"世界级旅游目的地、国际消费中心城市、"人人出彩"的人民城市等目标愿景，以及当下消费人群代际更迭、旅游在地化转向等趋势特征，进行品牌概念的延伸应用。例如围绕人民城市延伸"发现·体验，精彩无限"，传递乐享生活的旅游体验；针对"Z世代"族群延伸"发现·体验，心向之城"，传递随心而往的品牌概念；针对文化爱好者延伸"中国上海，等你来发现"，彰显城市文脉的张力等，以品牌内容的新时代延伸表达，满足市场细分群体的情感联想。

二、形象力维度

（一）构建全方位的旅游品牌线上视觉识别系统

依托"中国上海，发现更多·体验更多"品牌 Logo，在现有线下 VIS 视觉识别系统基础上，结合当下数字经济发展、新媒体技术发展、"数字原住民"逐步掌握市场话语权的背景,以个性化、动态化、虚拟化的思路,通过"发现更多·体验更多"二维码、小程序码、Logo视觉动画、虚拟品牌代言人等方式,将"发现更多·体验更多"品牌Logo形象植入短视频、直播、慢综艺、虚拟音乐会、电竞直播等各类场景,以全方位线上视觉输出,不断传递城市旅游品牌形象。

（二）加强城市旅游品牌的物化展示

一方面,以"发现更多·体验更多"Logo为载体,营造线下主题体验场景和空间。结合上海先锋设计元素,以Logo为原型,在市内地标建筑空间、城市网红地标空间内设置主题景观或大型雕塑。例如联动城市空间艺术季,在滨江空间植入"发现更多·体验更多"Logo创意雕塑;联动花博会等文旅节庆活动,在景区(点)、郊野公园等空间,设置特色Logo造型物,打造城市旅游专属的网红打卡点。

另一方面,以"发现更多·体验更多"Logo为载体,创新旅游品牌的文创化应用。在品牌Logo＋丝巾、领带、笔记本等传统应用基础上,结合城市的文化创意产业底色,以更为新潮的笔触,升级品牌的文创应用。例如,以城市旅游品牌Logo为统领,联动上海首批13个文化IP,发行"发现·体验"系列主题邮票;以"发现·体验"为主题,联合各文博场馆,推出上海文旅PASS盲盒,以文化创意的展示方式,打造品牌记忆点。

三、支持力维度

（一）打造"发现IP"文旅产品矩阵

围绕"发现更多·体验更多"品牌概念,在上海现有的文化旅游产品体系基础上,挖掘景观、建筑、历史、生活、艺术等层面的各类优质资源,构建以"发现IP"为主题的品牌产品矩阵。

一是挖掘整合"城市尖叫地标",彰显先锋气质。在东方明珠、外滩建筑群、南京路步行街、上海中心大厦等传统地标基础上，整合 M50 创意园、苏河湾万象天地、天安千树、洛克·外滩源、TX 淮海、临港滴水湖等新生地标，以"艺术＋地标""商业＋地标"的模式，结合地标主题特色，通过诸如裸眼 3D 投影秀、大型艺术装置展、先锋艺术展、小剧场演出、后备箱集市、特色美食活动、地标建筑露营等业态内容的导入，打造吸引旅游者注意力与目光的城市新目的地，并通过互联网和短视频的输出，塑造"城市先锋发现"品牌。

二是深度解锁"海派城市考古"，传递文化思考。在现有"海派城市考古"行走路线、海派城市考古新发现等基础上，深入挖掘历史沿革、开埠遗风、海派艺术流变、海派生活美学等海派元素，结合文旅融合趋势下的"城市考古"内涵，升级构建包括 citywalk、上海城市考古游、青少年海考研学营、海考解密 AR 剧本杀等多元化文旅业态在内的海派城市考古文旅产品谱系，并可在此基础上衍生"海考＋动漫 cosplay 创作""海派城市考古数字领队计划"等主题性活动，逐步擦亮"海考"城市发现品牌。

三是创新开发"都市社区旅游"，发现近处风景。结合文旅回归生活向度背景下，游客出游半径缩小、旅游场景与社区生活圈融合的流行化必然，深入挖掘上海样本社区、家门口的好去处、演艺新空间、口袋公园等生活圈资源，将社区空间与艺术创意、历史文化、市井生活、生态休闲等主题叠加，通过城市精致露营、城市短宿体验、特色打卡采风、社区生态科普课堂等轻文旅业态的导入，以及社区生活节、社区啤酒音乐会等活动的举办，引导市民游客发现、感知在地生活，创新培育"近处发现"城市体验品牌。

四是迭代升级"建筑阅读体验"，演绎城市进程。在现有扫码阅读、音频展示、读书会分享等体验的基础上，升级"白＋黑"建筑阅读模式，以建筑的深度体验迭代"城市发现体验"品牌。一方面，在保护传承的基础上，加大现有建筑资源的公众开放力度，结合建筑文化主题特色，适度导入沉浸式剧场演艺、书画艺术展览、文创艺术展销、茶室、书吧等休闲业态,丰富建筑阅读体验。另一方面,选取建筑资源相对集中的区域为试点,通过3D建筑投影秀、AR/VR空间剧场、互动投影装置等内容的导入,打造建筑可阅读"主题夜场",让游客与城市建筑记忆产生互动,进而有效地延长游客的停留时间。

五是丰富优化"文博体验场景",探秘国宝往事。依托上海丰富的文博场馆资源,以文化和旅游深度融合发展为统领,创新开发各类文博体验场景,打造"文博探索"品牌。一方面,打造数字文博场景,整合文博场馆资源,开发数字展馆、国宝动画剧场等数字内容;另一方面,通过"文博场馆+文创生活美学""文博场馆+沉浸式演艺""文博场馆+巡展交流""文博场馆+亲子研学"等模式,打造文博线下旅游消费场景;此外,发力文博文创消费,推出文博考古盲盒、文博"解谜书"等文创新玩法,构建完善的文博文创产业链条。

六是孵化培育"发现IP活动",激活发现基因。整合现有的"喜欢上海的理由""海派城市考古征集令""我的工业游痕"主题征集等活动资源,孵化诸如"何以上海,等你来发现""发现最上海"等发现活动IP,以每年持续、定时集中推出的方式,塑造"发现主题"活动品牌,通过品牌项目的研发,进一步强化"中国上海,发现更多·体验更多"品牌的市场认知。

(二)构建城市文旅体验经济生态

围绕"中国上海,发现更多·体验更多"的品牌定位,结合市场年轻化、个性化、多元化的发展趋势,立足品牌发展与产业经济协同的思路,做足城市文旅体验经济。

一是升级沉浸式文旅产业。一方面,依托上海沉浸式产业优势,在《不眠之夜》《新世界》等沉浸式文娱项目基础上,以"沉浸式技术、场景+本土文化"的模式,挖掘海派、非遗等方面的城市故事,研发打造一批重量级沉浸式文旅项目;另一方面,利用上海数字内容产业优势,将电竞、动漫、游戏、影视领域的强 IP 内容,以"场景复原＋沉浸互动"的方式,移植线下,打造上海城市专属的体验特色。

二是发力文旅新消费赛道。立足上海国际消费中心城市的发展定位,结合年轻消费群体的悦己个性、为文化买单、知识付费、"圈子打 call"的特征,培育发展城市文旅新消费链条。一方面,着力培育包括密室剧本杀、沉浸式实景游戏、新城市运动、电竞酒店、游戏主题景区、换装体验馆、24 小时城市书房等新文旅消费场景地标,并联合相关平台机构形成榜单发布机制;另一方面,在新业态市场自发生长的基础上,总结借鉴上海剧本杀内容监管方面的经验,以"部门联合＋行业自治"的模式,规范引导各类新生业态的发展。

三是擦亮文旅"夜"态经济。一方面,整合市内的旅游景区(点)、郊野公园、主题公园等资源,借鉴九棵树"焕光森林·东方曦望"的产品做法,通过全息投影、歌舞表演、AR/VR 空间剧场等模式,打造诸如浦江夜剧场、郊野公园情景夜游、建筑可阅读行进式光影秀等夜游产品;另一方面,依托上海现有的国家级、市级旅游休闲街区及相关的后街经济地标,围绕上海的海派文化、首发经济、潮流元素等,培育海派文化奇妙夜、首发后备箱集市等特色主题活动,构建"夜上海"体验经济生态。

四、营销力维度

(一)讲好同一个品牌故事

一是持续强化品牌符号的统一输出。围绕"发现更多·体验更多"品牌定位,发布"发现·体验"为主题的 MV、短视频、宣传片、主题宣传海报,举办"发现·体验"为主题的海内外系列文旅宣推活动,以相对统一的口径和数字呈现、平面展示、活动嫁接等方式,不断强化上海旅游品牌符号的输出和延伸演绎,提升宣推的可见度和辨识性。

二是以需求为导向拓展品牌故事内容。围绕"发现更多·体验更多"品牌定位,结合国内外市场的关注热点和偏好,丰富城市旅游品牌的故事内容与层次。例如,立足国际游客对上海高度的好奇,在品牌故事中凸显"邂逅未来建筑"内容元素,展现城市梦幻未来的"高颜值";立足大国开放姿态下年轻一代为本土文化"倾心"的趋势特征,在品牌故事中凸显"解读海派文化""探寻百年中国"等内容元素,传递国际都市的"文化感";立足新消费发展趋势,在品牌故事中凸显"挖掘首发资源""触电前沿业态"等内容元素,解锁国际都市的"潮能力"。

三是丰富品牌故事内容的呈现方式。在当下以图片文字、宣传片、短视频及社交话题为主的载体模式下,结合坚持中华文化立场、增强文化自信的大语境,以文艺创作的思路讲好旅游故事。例如,以"发现更多·体验更多"为主题,结合上海影视文化产业的发展优势,策划推出"海派城市考古解密"旅游微综艺、"尖叫地标·灵魂舞者"微电影、"邂逅·上海二十四节气"城市纪实等内容,以旅游综艺、文博纪实、影视作品创作的方式,创新呈现城市旅游品牌的内容,使城市形象更为立体饱满。

(二)强化三大叙事话语权

一是联动文旅头部企业,打通流量叙事。借势头部企业布局品牌战略,围绕"发现更多·体验更多"品牌定位,推出定制游、直播夜、全球行等各类主题宣传活动,利用头部企业的庞大流量,传播上海城市旅游品牌形象。例如,与携程、驴妈妈等合作在全国范围内推出"中国上海,发现更多·体验更多"定制计划;与Booking、Expedia等国际知名旅游集团合作推出全球营销活动,利用多平台、多维度呈现上海的"发现·体验"故事;与春秋、美团及沪上酒店、商家等合作发布集结优质购物度假顶级会员待遇的"上海·发现体验卡"旅行目的地权益卡等,将头部流量转为品牌流量。

二是下沉目标客源市场,激活本土叙事。聚焦各类细分目标市场,将"发现更多·体验更多"的品牌定位,嵌入到目标客群所熟悉的生活语境当中,开展本土化推广活动,以本土叙事的风格和优势,激活上海旅游品牌在目标市场的传播话语权。例如,国外方面,与韩国的生活方式达人、时尚博主及虚拟达人等合作,推出诸如"Rozy(韩国虚拟达人)游上海"等主题活动;联动日本熊本熊吉祥物等,推出诸如《熊本熊——探秘未来都市》系列城市宣传短片等;国内方面,在上海都市圈范围内推出"探索最上海"原创旅行故事创作大赛,通过客源地的本土化口径,将上海的风土人情呈现给消费群体。

三是借助国家公信渠道,强化公关叙事。对接国家公信媒体渠道,在品牌定位统筹的基础上,进行持续性的新闻热点输送,以主流官方媒体的"传播力"和"话语权",提升城市旅游品牌的影响力和美誉度。例如,与新华社等媒体合作共建"中国上海,发现更多·体验更多"全球立体化传播体系,在全球知名旅游城市建设传播基地,定期推介"发现上海""体验上海"文旅资源和主题产品;与央视网等媒体合作推出"中国上海,发现更多·体验更多"营销直播主题活动,并辅以稿件和新闻曝光,输出更多的上海"发现故事"与"体验故事",扩大品牌覆盖。

(三)升级三类社交营销玩法

一是嫁接节展赛会,创新"社交化"玩法。在现有联动城市节展赛会资源开展各类主题宣推活动的基础上,对接数字化、社交化的市场需求,围绕"发现更多·体验更多"的城市旅游品牌定位,以社交话题、社交活动等方式关联节展赛会资源进行导流,从而承接热点流量。例如,联动上海丰富的电竞赛事资源,在赛事期间推出"电竞玩家带你考古上海""玩家直播上海探索"等社交主题活动;联动进博会,在全球范围内开展"回头客 vs

头回客,喜欢上海的理由"等社交讨论;联动上海国际电影节,推出"跟着电影发现上海"等社交主题活动,以节展赛会的影响力叠加社交活动的裂变力,赋能城市旅游品牌建设。

二是聚焦发现基因,进行"网感化"输出。聚焦上海尖叫地标、海派考古、建筑阅读、社区转角、潮流磁场、文博高地等极具发现基因的优质文旅内容,结合当下流行的新媒体数字玩法,以城市旅游品牌为统领,持续进行城市的网感营销。例如,围绕城市尖叫地标,推出"地标元宇宙""地标虚拟演唱会"等热门视频;依托海派文化底蕴和城市历史建筑资源,联合李未可、柳叶熙等虚拟网红达人,策划"有一种发现在上海"城市主题挑战赛和相关社交话题;依托丰富的文博艺术资源,推出"何以上海·文物戏精大会""长江口沉船探秘"等特色短片或短视频内容,以持续的网感热点输出,凸显城市文旅的发现与体验属性。

三是深耕跨界玩法,实现"分众化"触达。结合圈子化、垂直化的市场消费趋势,围绕"发现更多·体验更多"的城市旅游品牌内涵,通过联名手办、话题联动、内容合作等方式,与二次元、娃圈、盲盒圈等领域的品牌合作,扩大文旅品牌的受众圈层。例如,联动网易、米哈游等游戏大厂,将城市尖叫地标、潮流磁场等具备发现基因的文旅元素,"搬进"游戏场景,在游戏 IP 中打造上海文旅发现地图;围绕"发现更多·体验更多"主题,依托上海文创相关内容,与泡泡玛特等国际品牌合作,推出限量联名手办、限量文创盲盒等,以分众化的思路,推动城市旅游品牌触达垂直群体。

五、发展力维度

（一）构建品牌周期性动态更新机制

旅游品牌在"统一性"原则基础上,需要有足够的吸引力和新鲜感,才能有效获得消费者的关注。上海城市旅游品牌建设,需要在延续过往"精彩"内涵和当下"发现·体验"内涵的基础上，结合城市战略定位和城市旅游发展定位的变化以及目标受众的更迭等因素，在保证一定延续性的基础上，进行周期性的动态更新，譬如结合城市文化内涵和游客个性体验，以每五年发布一次新的旅游品牌 Logo、每十年延伸一次品牌概念、每十年开展一次新品牌征集等方式，保持城市旅游品牌在全球旅游市场中的生命力和存在感。

（二）构建统一的品牌输出应用机制

立足"中国上海，发现更多·体验更多"品牌定位，以资产化的运作思路，围绕品牌口号、品牌 Logo 等内容，建立统一的品牌应用输出标准。针对品牌联动或应用的场景和活动，摈弃"想用就用""可有可无"的传统做法，从"规模、影响、特色、品质"等各个维度，对主办方或使用方所需的资质、经验等形成专业、统一的遴选标准，确保有的放矢，从而有效把控品牌的价值呈现。

（三）搭建公私合作的品牌推广平台

整合上海各级文旅主管部门、头部文旅企业、学术界专家学者、媒体机构、行业协会等资源，以"公私合作＋商业运作"的模式，组建上海城市旅游品牌营销推广平台。在此平台基础上，围绕"发现更多·体验更多"品牌定位，通过多主体流量入口协同、多样化营销工具使用以及分市场差异化营销的方式，确保对外沟通的一致性和协同性，从而进一步增强上海城市旅游品牌的整体宣传推广效果。

（四）定期实施品牌监测与调整计划

围绕"发现更多·体验更多"品牌定位，通过游客满意度调研、旅游品牌市场感知调研、旅游品牌活动舆情监测等方式，从品牌认同、文化内涵、产品体验、配套服务等游客感知体验维度，对城市旅游品牌的发展进行监测和分析;并可基于监测分析结果,推出"发现·体验"旅游品牌延伸全球征集令、"中国上海,优质旅游发现计划""上海·发现体验提升计划"等相关内容,逐步调整品牌形象,进一步完善和加深受众群体对于上海城市旅游品牌的感知和联想。

(五)构建旅游品牌常态化智库机制

整合上海管理、营销、大数据分析、艺术设计等领域的专家学者、科研精英和行业领袖,发挥学科交叉优势和团队资源优势,加大上海旅游品牌的研究力度,通过会议研讨、专家课堂、建言征集等方式,定期对上海旅游品牌建设问题进行把脉问诊,围绕旅游品牌图谱、旅游品牌故事、旅游品牌更新管理等关键性问题,形成常态化的智库联络机制,为城市旅游品牌的系统建设、高效运转、精准提升等提供参考和指引。

第五节 结　　语

城市旅游品牌是城市文化和旅游资源最直观的展示符号,不仅有助于树立旅游城市形象,还有助于激活城市文化旅游产业的活力。上海是世界观察中国的重要窗口,如何通过旅游品牌建设,讲好中国故事、演绎上海精彩,更好地增强上海旅游品牌国内外叙事话语权,至关重要。本研究在高质量发展、文旅需求迭代、"上海旅游"品牌建设上升新高度的多重背景下,系统梳理了国内外知名旅游城市及知名旅游目的地品牌建设的经验与做法,对照剖析了上海城市旅游品牌建设存在的各类问题与短板,并结合上海的资源与产业优势,从品牌战略维度,提出了包含情感力、形象力、支持力、营销力、发展力在内的上海城市旅游品牌建设"五力"路径。同时,由于本研究主要聚焦城市旅游目的地品牌战略维度开展调研,内容未涉及文旅政策、社会经济状况等"上海旅游"品牌建设相关的宏观支撑因素,研究中难免存在疏漏和不足,未来还将持续深化跟踪。

参考文献:

[1]旅游消费者研究院.疫情后旅游消费者行为变化趋势[R].北京:2021.

[2]杨磊.基于共生理论的扬州城市旅游品牌发展研究[D].扬州:扬州大学,2021.

[3]苏勇,陈小平.品牌通鉴[M].上海:上海人民出版社,2003.

[4]菲利普·科特勒.营销学导论[M].北京:华夏出版社,1998.

[5]武慧丽.城市旅游品牌建设评价研究[D].大连:大连理工大学,2009.

[6]余明阳.品牌学[M].合肥:安徽人民出版社,2004.

[7]马聪玲,倪鹏飞.城市旅游品牌:概念界定及评价体系[J].财贸经济,2008(9):124-127.

[8]张光英,沈福德."清新福建"旅游品牌视野下的旅游资源总体评价体系研究[J].经济研究导刊,2014(31):238-241.

[9]Dunae Knapp, Blaine Becker. The Brand Science Guide for Destination RFPs[M]. Brand Strategy, Inc. 2004.

[10]马平.旅游目的地品牌研究[D].北京:北京林业大学,2006.

[11]唐瑷琼.旅游目的地品牌建设研究[D].上海:复旦大学,2008.

[12]Kavaratzis M, Ashworth GJ. City branding: An effective assertion of identity or a transitory marketing trick? [J].Place Branding, 2006, 3(3): 183-194.

[13]Helmy M. Urban Branding Strategy and the Emergine Arab Cityscape: The Image of the Gulf city[D]. Stuttgart: Stuttgart University, 2008.

[14]姚婷婷.上海发展世界著名旅游城市背景下城市旅游品牌研究[D].上海:上海工程技术大学,2015.

[15]Morgan N, Pritchard A, Piggott R. New Zealand, 100% Pure. The creation of a powerful niche destination brand[J]. Journal of Brand Management, 2002, 9(4): 335-354.

[16] 字美之道.一个成功的品牌升级案例：巴黎旅游局[EB/OL].(2020 - 06 - 05).
    https：//ke. qq. com/cheese/graphic _ 65fb9b35ef8afb9e11cf5ac334020525 _ 0-1.
    html.

[17] 王春雷,涂天慧.城市旅游目的地品牌资产管理研究——以荷兰阿姆斯特丹为例
    [J].全球城市研究,2021(2)：110 - 126,193.

[18] 吕尚彬,梅文慧.快乐长沙：城市形象定位与魅力表达[M].北京：红旗出版
    社,2016.

第六章 上海旅游节社会影响力研究

第一节 研究背景及意义

一、研究背景

（一）上海旅游节发展历程

上海旅游节创办于 1990 年,前身为黄浦旅游节,1996 年更名为上海旅游节,经过 30 多年的发展,形成了相对固定的办节模式、办节特色和办节形式。多年来,上海旅游节围绕"美好与欢乐"的办节宗旨,以丰富多彩的主题活动、高度开放的活动平台、优质多元的文旅内容,吸引了众多的国内外游客参与,已逐渐成为满足市民、游客美好生活愿景的重要舞台,拉动上海文旅经济繁荣的重要引擎,传承上海地域文化和彰显城市文化自信的重要载体,上海加强国内外文化交流合作的重要平台和宣传展示上海城市形象的重要窗口。

（二）上海旅游节发展现状

迈入第四个 10 年期的上海旅游节,在旅游需求转变、数字经济快速发展等变局下和"变与不变"的思考与探索中,不断寻求新的突破。

1. 近两年上海旅游节组织实施情况

为顺应文旅发展需求,近两年上海旅游节在办节思路、举办周期和主题活动数量规模上做了调整。

2020 年,上海旅游节共推出开幕式、五大主题九大活动、156 项各区和企业特色活动、500 余条特色旅游线路。据银联上海公司统计,旅游节期间上海地区旅游、餐饮、娱乐售票等日常消费交易总额达 319.7 亿元,环比增长 35%。2021 年,上海旅游节推出"建筑可阅读"、文旅"惠民季""云上"旅游节、"上海故事"城市宣推、"文旅商联动促消费"五大系列 100 多项主题活动。据银联上海公司统计,旅游节期间上海地区旅游、餐饮、娱乐售票等日常消费类交易总金额为 360.8 亿元,环比增长 8.7%。

2. 上海旅游节的创新与探索

第一,以优势聚变的思路推动旅游节品牌出圈。探索从诸如"建筑可阅读"等上海最有资源、最有优势、最有特质的文化旅游载体出发,通过城市微游线路、旅游直播活动等方式,与旅游节平台形成碰撞,产生叠加效应和乘数效应,进而推动旅游节品牌迭代升级。

第二,以开门办节的思路放大旅游节溢出效应。一方面开展长三角联动办节,与南通、温州、黄山等重要旅游城市联合设立旅游节分会场,推动资源互享、游客互送,扩大旅游节活动的参与面;另一方面开展全行业联动办节,整合景区(点)、文博场馆、酒店民宿、餐厅、商场等产业链要素载体,推出各类文旅惠民和消费活动。

第三,以云上融合的思路拓展旅游节流量入口。创新线上线下联动办节,创设上海旅游节"云旅游"平台,并联动美团、携程、驴妈妈等全平台资源,培育"平台+商户""线上种草+线下打卡"文旅消费新模式,线上和线下共同发力,有效扩大上海旅游节的"流量入口"。

(三)上海旅游节发展面临的新阶段

从市场端看,迈入第四个 10 年期的上海旅游节,正处于旅游消费人群的"迭代期"。"人设自由""独乐自由""乐活绿动""玩物立志""无微不至"的"心智时代"需求与更加注重安全性、体验度、品质化的"后疫情时代"需求形成碰撞,对旅游节的创新升级提出新的要求。

从政策端看,迈入第四个 10 年期的上海旅游节,正值上海谋划布局国际国内双循环文旅战略链接和加快推进"十四五"规划落实的新时期。对照上海深化世界著名旅游城市建设、国际旅游消费中心城市建设和"上海旅游"品牌培育等新目标和新要求,上海旅游节作为城市引领性重大名片活动,肩负着为城市旅游建设提供更多载体、更多空间和促进城市旅游消费扩容的新任务。

二、思路方法与研究意义

(一)研究思路与方法

从宏观的竞争力格局和微观的市场感知度两个层面出发,通过对外的横向比较和对内的调查研究(见图 6-1),剖析上海旅游节社会影响力现状和存在的问题,并提出相关的优化对策及建议。

通过问卷调查法,以"李克特量表"形式,在上海地域范畴内,以市民游客为对象,围绕形象感知、体验感知、安全感知、满意度感知及行为感知 5 个方面 27 个具体影响因素进行采样,并以描述性统计分析为主要手段,通过平均值、最大值及最小值等对旅游的市场感知状况进行分析。本次调查共计发放问卷 456 份,回收有效问卷 407 份,有效率为89.25%。

本次研究基于全国和上海两个维度,通过数据爬取、问卷调研、文献梳理、专家研讨等方式,挖掘了大量的多源数据、研究文献和实践案例,并进行了深入分析。

本次研究立足客观数据结果,利用 excel、spss 等数据分析软件,运用

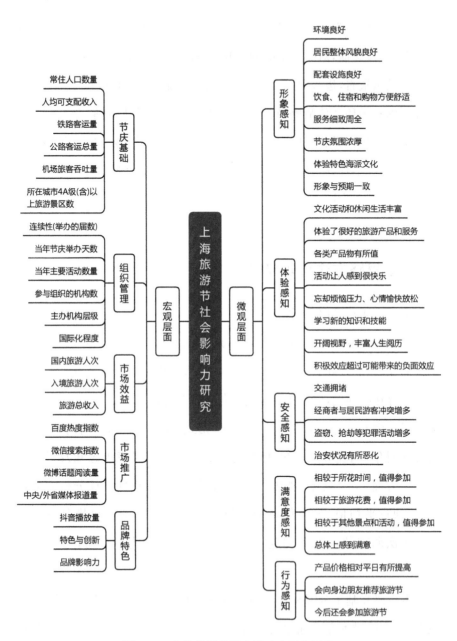

图 6-1 上海旅游节社会影响力研究思路

回归分析、描述分析等算法,透析上海旅游节存在的问题,并以问题为导向提出了相应的提升举措及建议,后续还将聚焦旅游节应用,持续深化跟踪研究。

（二）研究意义

宏观竞争力格局方面,通过客观数据的采集和挖掘,分析影响文旅节庆活动发展的因素,总结国内文旅节庆活动的发展趋势和优秀经验,评估上海旅游节在全国节庆发展格局中的地位和短板,为旅游节社会影响力提升提供方向引导。

微观市场感知度方面,通过更为具象的市场感知信息采集,从客源市场角度认知和把握上海旅游节形象、服务、产品等基本特征,深入剖析上海旅游节发展的制约因素,为旅游节品牌深化、消费升级、服务提升等提供实践指导。

第二节　上海旅游节全国竞争力比较分析

一、上海旅游节竞争力综合状况

（一）上海旅游节全国竞争力表现

如图6-2所示,从全国节庆活动发展格局看,上海旅游节综合性竞争优势明显。文旅节庆竞争力与区域经济社会发展水平呈现显著的正相关,与国内其他文旅节庆活动相比,上海旅游节依托优质的城市基础建设、良好的经济消费环境以及一流的城市管理水平,在节庆基础、组织管理、市场效益、市场推广、品牌特色等方面均具有较为明显的优势,在全国文旅节庆活动发展格局中综合实力位列第一。

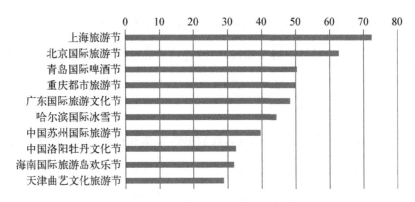

图 6-2 全国文旅节庆竞争力综合排位情况(TOP10)

(二)上海旅游节五个维度均衡情况

从五个维度均衡发展情况看,上海旅游节在"市场推广"和"品牌特色"方面稍显逊色。上海旅游节作为大型老牌都市节庆活动,拥有多年的举办经验,节庆活动的社会文化基础良好、组织筹备工作日趋成熟,文旅产品供给、活动数量规模、组织参与广度和宣传推广力度等层面的提升明显,五个维度差异相对较少,协同发展态势良好,但在知名度和品牌形象上仍有进一步提升的空间(见图 6-3)。

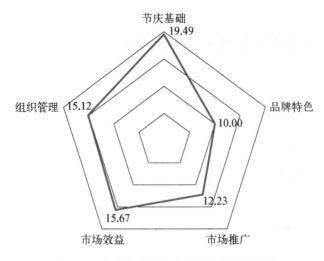

图 6-3 上海旅游节五个维度指标均衡情况

二、上海旅游节竞争力单向维度比较分析

（一）节庆基础维度

节庆基础是一个地区开展节庆活动的基本支撑条件，主要采用常住人口数量、人均可支配收入、高星级旅游景区（点）数量及铁路、公路、航空旅客吞吐量等相关因素对其进行评价。

从节庆基础维度来看，上海旅游节位列第四（见图6-4），与北京国际旅游节、重庆都市旅游节和广东国际旅游文化节相比存在差距。究其原因，首先是受长三角城市群交通网络分流影响，上海旅游节流量基础相对薄弱。从各个细化指标来看，上海在常住人口、铁路旅客发送量方面具有明显优势，在公路客运量和航空吞吐量方面略有欠缺，对外输送旅客总量低于北京、广州等城市，根据各城市交通发展年度报告显示，2020年上海对外运送乘客1.10亿人次，北京、广州对外运送乘客1.33亿人次、3.27亿人次；其次是城市旅游供给丰度基础存在不足，上海与北京、广州、重庆等城市相比在高品质旅游供给方面存在短板，以4A级及以上旅游景区（点）为例，上海65处，北京81处，重庆114处，旅游供给丰度的差异一定程度上制约了上海旅游节的发展。

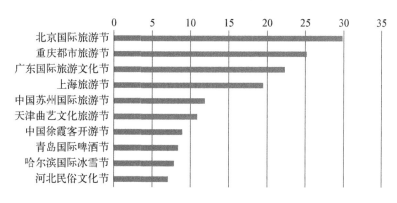

图6-4　节庆基础维度：TOP10节庆活动

（二）组织管理维度

组织管理维度涉及节庆活动主办方对节庆活动的组织协调能力,主要采用活动连续性、举办天数、主要活动数量、参与机构数量、主办机构层级、国际化程度等相关因素对其进行评价。

从组织管理维度来看,上海旅游节位列第一(见图6-5),受益于城市先进的治理水平和发达的市场运作水平,上海旅游节与青岛国际啤酒节、哈尔滨国际冰雪节、海南国际旅游岛欢乐节、洛阳牡丹文化节等国内知名节庆活动相比,在组织管理层面具有一定优势。就细化影响因素而言,上海旅游节依托"2＋16"市区主办模式,在组织机构参与覆盖方面优势明显;在活动持续性、规模时长等方面,与国内其他知名节庆活动基本持平,但主办机构层面仍有待提升(哈尔滨国际冰雪节、青岛国际啤酒节等均为国家级节庆活动)。

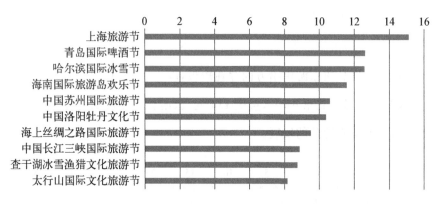

图6-5　组织管理维度:TOP10节庆活动

（三）市场效益维度

市场效益指节庆活动为举办地区社会和经济效益的贡献程度,主要采用活动持续期间的国内旅游接待人次、入境旅游接待人次、旅游总收入及其他相关因素对其进行评价。从市场效益维度看,上海旅游节位列第一(见图6-6)。

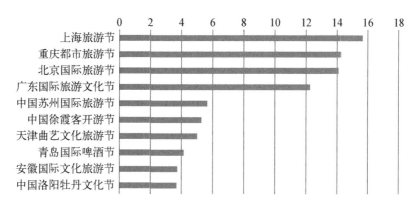

图 6-6　市场效益维度：TOP10 节庆活动

作为重点中心城市和综合交通枢纽，北上广及重庆等地拥有庞大的流量入口和良好的经济基础，相应的节庆活动在扩大客源、拉动旅游收入等方面优势明显，占据排名前 4 位，其中上海旅游节更是以微弱优势领先，而排名后 6 位的苏州国际旅游节等因城市经济和客流规模限制，市场效益呈现断崖式下跌。但就细化指标比较而言，上海旅游节在拉动市场效益方面仍存在短板：一方面人均消费水平有待提升，以上海旅游节和洛阳牡丹文化节为例，上海地区人均可支配收入约为洛阳的 3 倍，而旅游节人均消费水平仅为文化节的 1.4 倍，存在明显的提升空间；另一方面投资赋能作用有待深化，上海旅游节历经多年发展，最初的招商引资洽谈功能逐步淡化，近年来虽逐步重启（举办上海旅游投资促进大会，发布招商手册等），但对比重庆都市旅游节、洛阳牡丹文化节等设置经贸合作板块持续赋能投资的做法（2021 年洛阳牡丹文化节期间，洛阳市累计签约亿元以上招商引资合同项目 118 个、投资总额 1 146.6 亿元），还有待继续深化。

（四）市场推广维度

市场推广是指依托各种节庆活动或非日常发生的特殊时间对该地的

城市形象进行宣传推广的程度,主要采用百度热度指数、微信搜索指数、微博话题阅读量、中央/外省媒体报道量等相关因素对其进行评价。从市场推广维度看,上海旅游节位列第一(见图6-7)。

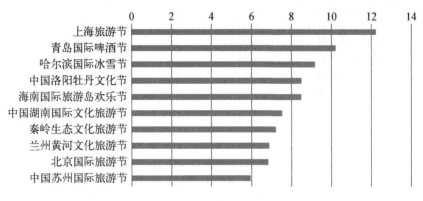

图6-7　市场推广维度:TOP10节庆活动

市场推广维度的各项细化指标显示,上海旅游节在百度热度指数、微信搜索指数等方面,与青岛国际啤酒节、哈尔滨国际冰雪节、洛阳牡丹文化节等知名节庆活动持平,在微博话题阅读量、中央/外省市媒体报道量方面存在明显优势。但从节庆信息触达路径来看,旅游节宣推集聚度仍有待提升,如青岛国际啤酒节通过官网、官微、官博及新闻专版,展示活动安排,畅通信息咨询、票务购买等服务渠道;洛阳牡丹文化节通过政府官网专版进行各类信息的集中展示,而上海旅游节虽然市场推广影响较大,但其宣推仍存在一定的随意性和碎片化。

（五）品牌特色维度

品牌特色是指节庆活动所具备的特色与品牌影响力,主要采用抖音播放量、特色与创新(专家打分)、品牌影响力等相关因素对其进行评价。

如图6-8所示,从品牌特色维度看,上海旅游节位列第三,总体上落后于青岛国际啤酒节、哈尔滨国际冰雪节,但就细化指标而言,上海旅游节的抖音播放量、特色创新程度与前两项节庆活动不分伯仲，但在品牌影响力方面存在明显差距。究其原因，首先上海旅游节覆盖面广、主题多元，涉及大众旅游消费的方方面面，品牌活动、亮点项目掩盖在各类活动体系下，话题聚焦度明显逊于啤酒节、冰雪节等专项节庆活动；其次上海旅游节功能上偏向多元消费，与啤酒节、冰雪节等专项节庆活动相比，缺乏明显的产业基础，在跨领域辐射影响和吸引地方关注等方面存在限制。

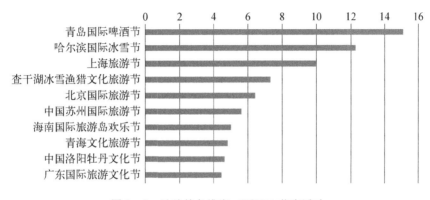

图 6-8　品牌特色维度：TOP10 节庆活动

三、基于全国竞争维度的旅游节提升方向建议

从全国节庆竞争力格局来看，与国内其他知名节庆活动相比，上海旅游节在办节规格、消费走深、赋能产业、锻造焦点等方面仍存在提升空间。

（一）提升办节规格，迭代节庆影响能级

从研究结论看，上海旅游节主办机构层级与哈尔滨国际冰雪节、青岛国际啤酒节等存在差距，站位能级与"国际消费中心城市"建设和"上海旅游"品牌培育的目标之间存在落差，建议从内生优化和外生协同两个层面进行提升。

一是争取将旅游节纳入市政府主办范畴,对标冰雪节、啤酒节主办机构层级,联动整合各方资源,深入研究旅游节的经济意义、社会意义及发展潜力,对上争取将旅游节纳入市政府重点扶持活动范畴,提升旅游节发展高度,优化平台在调动企业资源、媒体资源、保障力量等方面的优势。

二是变长三角联合办节为"一体办节",立足区域一体化发展基础,在旅游节分会场、联合惠民、旅游相互推介的基础上,整合区域文化旅游共同体资源,挖掘区域共性资源合作空间,创新"主题周、系列季、节中节"等合作模式,以一体化思路推动节庆主题内涵一致、媒体宣推同频共振、品牌活动跨区接力,实现长三角客源流量和资源供给深度共享,进而创新优化上海旅游节的办节基础。

(二)优化供给思路,推动流量消费走深

作为国际开放大都市,上海引领着消费发展的风向,消费理念和消费模式创新一直领先国内其他城市,但从研究结论看,与国内其他知名节庆活动相比,上海旅游节人均消费能力仍然存在一定短板,亟待从供给优化角度进行提升。

一是推动文旅惠民针对性升级。上海旅游节是人民大众的节日,受众涉及各个消费阶层和细分客群,文旅惠民内容需要在现有"量多面广"基础上,聚焦老年群体、亲子家庭、白领中产、"Z世代"族群等,按照不同的包装方式、宣传路径、优惠标准形成相对清晰的归类分级,拉动惠民消费提升。

二是进一步强化"留&住"效应。一方面纵深捆绑,加强"留在魔都"效应,立足上海游憩资源空间布局,结合居民游客游憩行为,聚焦旅游节期间市民游客集聚度较高的游憩点,捆绑周边酒店、商场、文创商店、娱乐场所等资源,推出特色文旅惠民活动,延长市民游客停留时间,助推流量二次、三次变现。另一方面适当增加旅游节住宿产品,打造"住在魔都"氛围。适当加大旅游节期间酒店、民宿、客栈、农家乐类产品和活动的比例,并从价格、功能等方面给予市民游客多样化旅游解决方案,推动旅游节从以观光娱乐为主,转向观光娱乐、休闲度假并重,进而提升市场消费沉淀。

（三）聚力产业协同,赋能城市文旅发展

文旅节庆是市民游客享受城市文旅发展成果的重要载体,亦是城市文旅发展资源的集成体现平台,在拉动文旅消费的同时,对推动城市文旅基础设施建设、提升城市文旅供给服务水平也起着至关重要的作用。鉴于此,旅游节应在巩固节庆消费拉动优势的同时,以反哺思路发挥平台功效,赋能产业发展。

一是发挥旅游节"整合盘"和"流量池"作用,孵化新内容、新品牌、新服务。立足市场需求,从上海最有资源、最有优势、最有特质的文化旅游载体出发,发挥旅游节的资源整合功能和"消费流量池"优势,创新线路设计、迭代业态场景、引导文创 IP 研发、升级消费模式,通过新品发布、榜单PK、反复营销记忆、新服务体验打卡等方式,孵化新产品、新内容、新玩法,赋能城市文旅体验升级。

二是拓深旅游节招商引资功能,赋能产业发展。上海旅游节作为起源于引资洽谈会的城市节庆平台,在建设"亚太投资门户"和推进上海旅游投资目的地建设的背景下,重植拓深招商引资服务功能有着重要意义。一方面发挥旅游节产业平台作用,丰富旅游招商引资活动类型。在上海旅游投资促进大会基础上,扩展投资与旅游发展论坛、旅游投资线上线下系列推介会、重点项目集中签约大会、长三角跨区域邀商、投资商线下大型考察等活动,提升旅游投资宣贯力度,营造良好的投资氛围。另一方面发挥旅游节资源整合优势,培育招商服务资源配置平台。依托旅游节联动市区两级、长三角和各涉旅企业集团的优势,整合策划、投资、管理、运营等各个环节的优质文旅资源,为城市重点文旅项目建设等提供集成服务,进一步优化旅游节产业平台作用。

(四)锻造节庆焦点,强化市场认知粘性

节庆集体记建构是通过相似活动内容和体验重复输出,不断强化客户和市场认知的过程。上海旅游节作为城市大规模节庆活动,信息渠道泛化多元、活动内容量多面广,节庆氛围分散在全市各个景区、商场、广场、公园等,缺乏明显的集聚效应,如何通过触达渠道、品牌内容的相对固化来加深市场认知,值得进行深入思考。

一是搭建相对固定的信息传递通道,强化惯性认知。线上层面,在旅游节现有媒体宣推渠道资源基础上,依托"乐游上海"总入口,结合历年媒体报道分析监测结果,创新孵化、精心遴选,形成"乐游上海+上海旅游节官网+上海旅游节'双微一抖'社交媒体+权威主流媒体专栏专版"信息主推渠道,以相对固定的路径加深市场认知;线下层面,针对旅游节市级重点专项、年度创意主题、时代热点话题、长三角跨区联办等官方主办的活动和项目,形成相对规范的领导出席机制,以形式感、仪式感和官方影响,提升市场的关注度和参与度。

二是在多元内容基础上抓取品牌特色,形成认知焦点。一方面遴选相对固定的品牌标签,在旅游节主题多样、功能多元的基础上,从上海城市文化底蕴、时代发展旋律、城市先锋品格、特色优势产业等中提炼诸如"海派文化领地""先锋业态孵化阵地"等最能代表城市品格的特色元素,打造旅游节具辨识度的品牌标签,形成发展抓手;另一方面在品牌标签体系下形成相对固定的 IP 内容支持,立足选定的品牌标签,通过创意升级、玩法迭代、跨界融合等方式,形成相对固定的持续活动内容,例如针对"海派文化领地"标签,持续优化"建筑可阅读""一江一河"等海派文化体验 IP内容;针对"先锋业态孵化阵地"标签,孵化"城市艺术对话"等 IP 内容。

第三节　上海旅游节市场感知度分析

一、上海旅游节市场感知总体特征

（一）市场感知五个维度指标含义

形象感知指标，包括认知形象和情感形象两个方面内容，其中，认知形象是对目的地各种属性的信念和知识，包括旅游节的环境、文化内涵、配套设施等；情感形象是对目的地各种属性的情感反应，包括设想预期等。

体验感知指标，包括社会体验、情感体验和功能体验三个方面内容，其中，社会体验感知是指游客在旅游节中获得热情接待与尊重的程度；情感体验感知是指游客在主观上感受到的情绪状态；功能体验感知主要是关注游客的相关需求是否得到有效满足。

安全感知指标，是指游客对旅游节期间交通、治安等消极影响因素的感知状况，选取的是消极感知变量，为负向分值，分值越低代表安全感知水平越高。

满意度感知指标，是游客对目的地的期望和游客到达目的地后的实际感知相比较的结果，可以直接衡量和反映上海旅游节的举办效果。

行为感知指标，关注游客未来可能做出的行为及其背后深层次原因，主要从重游意愿、推荐意愿和产品溢价三个维度进行分析。

（二）旅游节市场感知总体特征

从统计结果分析看（见图 6-9），五个维度市场感知水平参差不齐，总体满意度水平较高，安全和体验感知短板相对明显。在五个市场感知维度中,游客满意度感知平均分最高,形象感知和行为感知平均分次之,体验感知平均分较低,安全感知平均分最低。整体反映出上海旅游节作为国内具知名度的节庆活动,在市民游客中享有极高的认可度,但在活动体验度和环境舒适保障方面仍需重点关注并加以改进(安全感知为2.71,虽为消极感知变量,但亦超过中位数,说明安全满意度较低)。

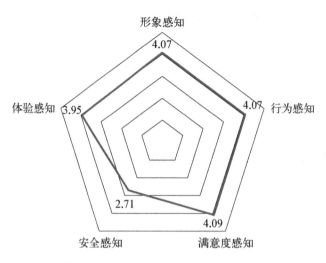

图6-9　上海旅游节市场感知总体水平

二、上海旅游节市场感知各个维度比较分析

(一)五个感知维度比较分析

从五个维度27个影响指标细项的分析结果来看,上海旅游节市场感知呈现以下特征。

1. 形象感知层面

由图6-10可以发现,市民游客对旅游节期间环境、居民整体风貌、配套设施及节庆氛围等方面的感知度较高,对于旅游节文旅服务及海派文化内涵等方面的感知较低,同时认为旅游节形象与预期之间仍存在一定落差。

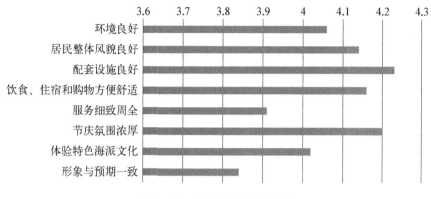

图 6-10 上海旅游节形象感知

2. 体验感知层面

由图 6-11 可以发现,市民游客对旅游节期间各类文化体验、休闲娱乐、旅游产品及活动的丰度持肯定态度,认为旅游节积极效应明显,为市民游客放松心情、开阔视野、丰富阅历等提供了良好的平台,但从旅游节产品服务的实用性角度来看,近一半受访者认为各类产品的性价比不高、新知识技能等内涵不足。

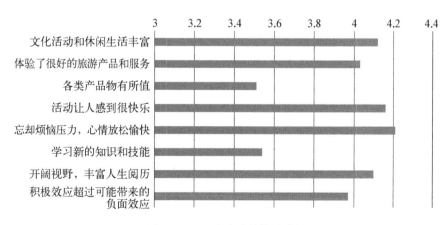

图 6-11 上海旅游节体验感知

3. 安全感知层面

由图 6-12 可以看出,市民游客认为旅游节期间上海城市整体治安情况良好,仅有少部分受访者认为旅游节期间存在经商者与居民游客冲突增多、盗窃抢劫等犯罪活动增多和治安状况恶化等现象,但旅游节期间交通拥挤是大部分受访者的共识。

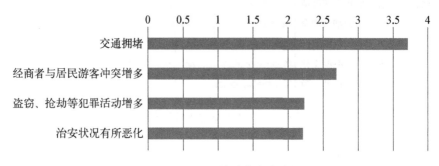

图 6-12 上海旅游节安全感知

4. 满意度感知层面

由图 6-13 可以发现,就上海旅游节的举办效果而言,绝大多数市民游客表示总体上感到满意,认为与市场大众的心理预期大致相符,从时间成本考虑非常值得参加,但从花费成本和潜在出行机会成本来看,市民游客的参与积极性明显降低。

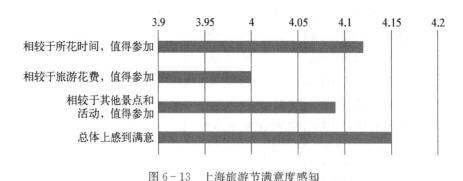

图 6-13 上海旅游节满意度感知

5. 行为感知层面

由图 6-14 可以发现,上海旅游节作为上海都市旅游的经典项目,一直以来受到大众的关注,市场的整体认可度较高,市民游客的重游意愿和推荐意愿均比较强烈,但大部分受访者同时表示旅游节期间相关文旅产品存在溢价现象,产品价格较平时有所提高,对重游和口碑传播存在一定影响。

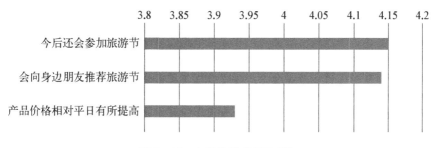

图 6-14　上海旅游节行为感知

（二）不同样本群体比较分析

结合样本结构分析发现,不同性别、不同职业人群对旅游节市场感知评分基本一致,性别结构、职业结构对市场感知差异的影响较小;不同婚姻状况、不同年龄、不同收入及不同重游次数人群对旅游节市场感知评分存在差异,未婚人士、"Z世代"族群市场感知评价明显偏低,且呈现出"市场感知评价与收入水平成正比,与重游频次成反比"的趋势。

1. 婚姻结构层面

如图 6-15 所示,从数据分析结果看,未婚、已婚群体旅游节市场感知水平差异明显,未婚群体市场感知评价明显偏低（由于安全感知为消极变量评价,在分值上呈现偏高）。其中,服务周全细致、体验特色海派文化、各类产品物有所值、学习新的知识和技能、相较于旅游花费值得参加、相较于其他景点和活动值得参加、今后还会参加旅游节、会向身边朋友推荐旅游节等细项指标评价上,差异更是明显拉大,从中可以看出,未婚群体对旅游节的整体服务、产品内容、可参与度、创新度等方面的评价有所保留。

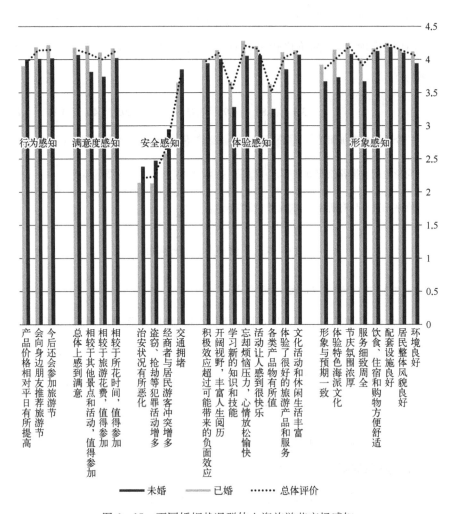

图 6-15　不同婚姻状况群体上海旅游节市场感知

2. 年龄结构层面

从数据分析结果来看（见图 6-16），26—35 岁、36—45 岁群体旅游节感知水平基本一致，18—25 岁群体市场感知评价明显偏低（由于安全感知为消极变量评价，在分值上呈现偏高）。其中从细化指标上看，由于存在年龄交叉，18—25 岁群体市场感知细化指标评价与未婚群体具有相似性，对旅游节的整体服务、产品内容、可参与度、创新度等方面的评价也有所保留,与此同时,与未婚群体相比,该群体对"旅游节形象与预期一致,盗窃、抢劫等犯罪活动增多,治安状况有所恶化"等细项指标的评价更为消极,认为旅游节的整体印象和治安状况,与预期存在差异。

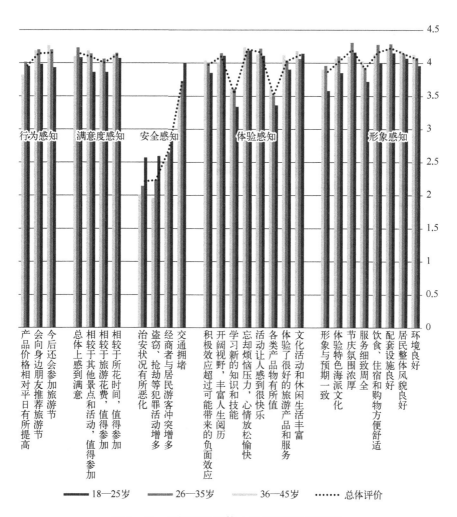

图 6-16　不同年龄群体上海旅游节市场感知

3. 收入结构层面

从数据分析结果看(见图 6-17),随着收入逐渐增加,市民游客对旅游节感知评价整体呈现上升趋势。除安全感知略有波动,中低收入群体、较高收入群体、高收入群体(按照国家统计公布月收入标准进行划分)在其他各个维度感知评价上基本一致,且多呈现阶梯上升态势。

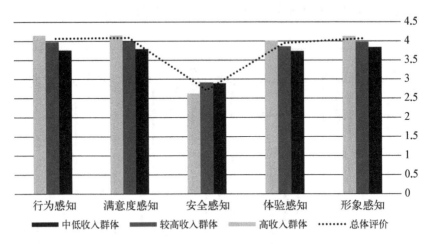

图 6-17　不同收入群体上海旅游节市场感知

4. 重游频次层面

如图 6-18 所示,安全感知维度上,市民游客的评价受重游频次影响较少,并未形成特别明显的规律,但形象感知、体验感知、满意度感知、行为感知四个维度的评价上,呈现"类边际效应递减"的趋势,市民游客在对

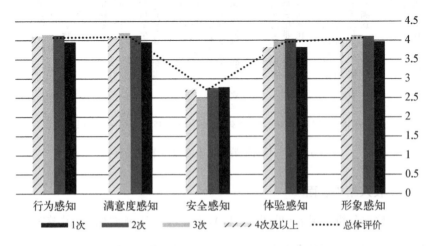

图 6-18　不同重游频次群体上海旅游节市场感知

旅游节有足够了解的基础上,随着参与次数的增加,对节庆整体印象、举办效果和满意程度的评价逐渐减低。

三、基于市场感知的上海旅游节优化提升建议

根据问卷调研结果,上海旅游节需要针对市场反映的海派文化体验不足、年轻群体评价走低、文旅产品性价比较低、节庆重游引力不够、服务安全有待提升等短板问题,进行优化提升。

（一）着力深化"海派文化"标签

上海是开放包容的国际大都市,在城市演进中形成海派文化、红色文化、江南文化鼎立的文化格局。海派文化植根中华文化,孕育于江南文化,并与红色文化融合共生,是上海城市特有的文化。旅游节作为城市文化旅游的重要代言阵地,在凸显"海派文化"特质层面应有所侧重。

一是内容生产上,打造海派文化全品类集成体验。立足"海派文化的前世今生",整合海派遗存、海派地标、海派艺术、海派生活等资源,利用旅游节平台打造"海派文化集成体验品牌"。创新演绎开埠精神,例如联动老牌工业企业,在城市微旅行基础上,创新"研学私家团""工业 ins 风老牌美食打卡"等内容;深入联动海派地标,如以"建筑可阅读"等为基础,通过 AR/VR 讲解、老建筑休闲娱乐活动限时限量推出等方式,提升海派地标的体验度;激活海派艺术资源,可利用上海丰富的文博场馆、演艺新空间和公共空间资源,以演出、展览、书会沙龙等方式,融入海派剪纸、海派书法、上海滑稽戏等各类文化艺术资源;定制海派生活体验,例如联动各涉旅企业,以"一价全包"方式,整合旗袍、洋房、老味道等元素,打造海派生活体验制式。

二是受众传播上,融入喜闻乐见的海派文化元素。一方面丰富海派视觉文化元素的应用,发挥上海设计先锋的优势,在旅游节宣传片、宣传

海报、活动专栏、印刷品、吉祥物、伴手礼等的设计包装中，创新融入地标剪影、老上海照片、月份牌、连环画等设计元素，从视觉传播效果上营造海派风情。另一方面搭建海派文化代言人 KOL/KOC 传播矩阵，整合海派文化研究大家、海派非遗传承人、沪语推广急先锋等资源，通过短视频直播、软文推广、达人推荐、互动分享等方式，强化海派文化元素的传播与输出。

（二）创新深耕"亚文化圈"消费

本次问卷调查中，未婚人群、18—25 岁人群占样本总量超过或接近 1/3，且对旅游节市场感知明显偏低。该部分人群作为典型的 z 世代族群，追求社交主场、玩物立志，呈现明显的圈子化，与旅游节传统受众需求存在差异，需要在未来提升中加以关注。

一是丰富"潮玩乐、文艺范"休闲业态。在满足旅游节传统受众文化消费、旅游消费、生活消费的基础上，针对年轻群体的消费需求，整合沪上文化休闲娱乐资源，推出诸如电竞酒店休闲度假、红色剧本杀沉浸式体验、魔都密室探秘、博物馆、博物馆探索手册、城市极限运动挑战赛、带着宠物去旅行、海派国潮换装派对、付费自习室打卡等"年轻态、时尚化"产品和服务，提升年轻群体的参与度和感知水平。

二是创新"社交化、圈子化"消费模式。在"平台＋商户""线上种草＋线下打卡"文旅消费模式统辖下，聚焦年轻群体的消费行为特征，进行点状突破。一方面以社交化思路强化"拼"消费，联动文旅企业资源，在各类旅游产品、产品中穿插结伴、拼车、拼房、聚会等交友社交场景，用"旅途聚会"的思路为年轻群体提供优质消费体验；另一方面以圈子化思路升级"微"种草，在旅游节"双微一抖"等媒体营销渠道基础上，聚焦知乎、贴吧、微博、探探、手游、弹幕内容网站等更受年轻群体的泛娱乐社交平台，通过达人玩家推荐、弹幕广告植入等方式，形成新业态消费的微圈传播。

（三）积极推动"性价优度"提升

旅游节定位人民大众的节日，文旅产品供给存在一定的价格优惠导向，与新时代下市民游客"好不好""精不精"的需求存在一定落差，同时由于旅游节跨度"十一"长假，假期供求效应造成部分产品价格走高，导致绝大部分受访者认为旅游节期间物低所值、产品溢价，未来可从质量把控和灵活优惠等层面来进行改善。

一是严控准入门槛，保障旅游节产品质量。针对中低收入人群旅游节市场感知评价明显低于高收入人群的现状，立足市场日益升级的体验需求，做好旅游节产品和服务质量的把控，围绕"旅游节年度主题特征、目标客群市场定位、产品的独特性和质量、产品的可参与度"等内容，形成相关的遴选标准，在现有价格基准上，保障产品特色和质量，进而提升市场的性价比认可度。

二是聚焦灵活优惠，提升旅游节价格感知。一方面官方下场升级"薅羊毛攻略"，针对目前旅游节期间各涉旅企业优惠信息相对独立的状态，官方下场发挥旅游节平台作用，整合景区（点）、酒店、餐厅、民宿、主题乐园等各个领域的优惠信息，以薅羊毛分类清单、薅羊毛最强组合清单等方式，升级优惠信息的传递渠道和方式。另一方面引导涉旅企业推出灵活折扣的差异化定价方式，旅游节跨度"十一"长假，市场溢价是一种必然现象，在这样的背景下，可通过引导企业采用诸如适当延长景区（点）优惠时段、加大平价酒店限量供应、网红产品清仓捡漏、业态捆绑优惠减价等方式，提升市民游客对旅游节价格惠民的感知度。

（四）探索建立"内容更新"模式

随着参与次数增加，市民游客旅游节市场感知评价先上升后下降，同时结合绝大多少受访者认为并没有从旅游节活动中学习到新技术和新能力的评价，可以看到旅游节活动内容存在固化风险，需要在强化市场过程中探索形成相对固定的动态更新模式。

一是产品结构按比例动态更新,保持新鲜感。在符号性、品牌性活动延续举办的基础上,借鉴迪士尼长年坚持的"三三制"(即每年要淘汰1/3硬件、新建1/3的项目、补充1/3的娱乐内容)等提升重游率的做法,立足"文化IP创新、微游潮玩、近郊度假、亲子教育"等上海旅游市场偏好特征,按比例淘汰、更新、新增旅游节产品与活动,以具新鲜度的内容,激活市民游客重游意愿和推荐意愿。

二是品牌活动按年度捆绑热点,保持话题度。在通过不间断举办,给开幕大巡游、建筑可阅读、城市微旅行、云上旅游节、一江一河潮玩地等品牌活动反复"贴标签"的基础上,与时俱进围绕市场热点、时代热点等进行捆绑式创意升级,如可创新推出"一江一河潮玩·上海滩户外剧本杀""建筑可阅读·城市微更新""云上旅游节·海派国潮生活嘉年华"等,推动品牌活动持续迭代和破圈,提升重游满意度。

（五）持续优化"服务安全"保障

上海旅游节是全市性大规模节庆,活动期间往往会带来大量的人流聚集,为城市整体旅游服务水平和安全保障服务带来极大挑战,结合问卷调查中市民游客对该板块内容相对消极的反馈,未来需要重点优化。

一是预判客源走向,强化流量集中地"硬"保障。结合数据手段,预判客源走向,围绕旅游节品牌活动、重点活动举办场所及热门景区(点),强化短时人力服务和安全保障。一方面做好一线和临时聘用人员培训,在活动筹备期间,通过短期集训等方式,预先对一线服务人员和临时聘用人员开展业务技能培训,有效应对短时集聚的服务需求。另一方面对出行、网络等配套资源进行优化配置,如临时增设热门景区(点)与主要交通节点旅游巴士线路、协调信号车保障网络通信、增设公安应急联系点等,提升市民游客的安全感知体验。

　　二是整合输出信息，提升旅游节数智"软"服务。借力文旅数字底座，联动云上旅游节平台，整合景区票务、游客咨询、投诉建议、交通出行、安全保障等各类信息，通过小程序、短信推送等方式，为市民游客提供一键购买、"智慧停车"查询、景区人流预警、交通管制信息推送、安全信息滚动推送等服务，降低旅游运营成本同时，提高旅游者的游玩体验，提升旅游节的市场感知评价。

参考文献：

［1］闫闪闪，徐红罡.节庆事件对区域旅游流空间网络的影响效应和机制研究［J］.人文地理，2023，38(1)：181－192.

［2］楼嘉军.上海旅游：营销推广的转型升级［M］.上海：东方出版中心，2019.

［3］施爱芹，程成，刘嘉欣，蓝辉.基于地域特色的节庆旅游文创开发策略［J］.社会科学家，2021(11)：55－60.

［4］杨叶红，吕君丽.大型节事活动对城市旅游空间结构的影响［J］.经济论坛，2018(12)：64－67.

［5］李平.上海旅游节绩效与市场影响力研究［D］.上海：华东师范大学，2014.

［6］Boo S，Busser J，Baloglu S. A model of customer-based brand equity and its application to multiple destinations［J］. Tourism Management，2009，30(2)：219－231.